musikalische Kurzspiele

für Kindergarten, Schule, Musikschule und Familie

von Lucie Steiner und Ingrid Engel

GUSTAV BOSSE VERLAG, KASSEL

Inhaltsverzeichnis

Bestell-Nr. BE 1291

4. Auflage 1996

ISBN 3-7649-1291-X
ISMN M-2011-1291-6

Musikalische Kurzspiele

Die Musikerziehung kleiner Kinder ist die Erziehung zum freien Umgang mit musikalischen Elementen. Rhythmus und Klang, als Grundlagen der Musik, können für das Kind zum intensiven Erlebnis werden. Dieses Musikerlebnis in der Gemeinschaft mit anderen Kindern fördert die zwischenmenschlichen Beziehungen und trägt zur Stärkung der eigenen Persönlichkeit bei.

Das kleine Kind empfängt zuerst nicht etwa die optischen, sondern die akustischen Eindrücke. Der Klang einer Stimme, die Umweltgeräusche, die Schwingungen der Klangkörper vermitteln nachhaltige Eindrücke und Empfindungen. Das Bewußtmachen der Klangwelt soll deshalb am Beginn jeder Musikerziehung stehen. Die Entwicklung des Gehörs bereitet den Boden für den Aufbau einer eigenen Klangfantasie.

Die rhythmische Erziehung steht zunächst im Mittelpunkt. Wenn das Kind gelernt hat, seinen Körper als ,,Instrument'' zu erleben und sich in der Körpersprache zu äußern, soll das Musikinstrument miteinbezogen werden. Das Spiel auf dem Instrument bedeutet für das Kind eine Erweiterung seiner Ausdrucksmöglichkeiten. Das ist umso leichter, je gelöster das Kind in seiner Motorik, je besser sein rhythmisches Gefühl entwickelt ist.

Die Hinwendung zum Instrument ist ein gravierender Schritt des Kindes aus sich heraus zur Umwelt: Es teilt sich nach außen mit, es erlebt sich am und im Instrument. Lebendiges Musizieren hat vor allem menschenbildende Funktion: Nicht die Leistung steht im Vordergrund, sondern die Freude am Gestalten. Das Kind entdeckt und erlebt die Musik. Es lernt spielerisch die musikalischen Begriffe, weil sie gefühlsmäßig erfaßt werden, bevor der Erzieher sie ins Bewußtsein rückt.

Das Musikerlebnis wird zugleich zum Schlüsselerlebnis für die Entdeckung der eigenen Kreativität: Im Umgang mit konventionellen und selbstgefertigten Instrumenten ,,ergreift'' das Kind die Musik. Das kindliche Empfinden bestimmt seine Einstellung zur Musik für Jahre, ja für das ganze Leben.
Die Arbeit mit Ausländerkindern wird erleichtert, weil durch Singen und Musizieren sowie non-verbale Kommunikation und Interaktion soziale Gegebenheiten spielerisch vermittelt werden.

Methodisch-didaktische Hinweise

Die ,,Musikalischen Kurzspiele'' geben den Erziehern und Eltern Anregungen, wie sie mit den Medien Musik–Bewegung–Bild–Sprache kreativ arbeiten können. Die einzelnen Spiele sind nicht in Form eines ,,Curriculum'' aufeinander aufgebaut, sondern sollen aus der Situation der Gruppe heraus ausgewählt werden. Es erscheint sinnvoll, den Spielverlauf nicht minutiös vorzuplanen, aber am didaktischen Konzept festzuhalten.
Im Mittelpunkt steht die Interaktion von Erzieher und Kindern. Der Erzieher sollte für Veränderungen flexibel bleiben: Die Methode kann sich situativ ändern, wenn Anregungen der Kinder zum Inhalt und didaktischen Konzept der Spiele in Beziehung gesetzt werden. Die Möglichkeit der ,, offenen Planung'' gibt dem Erzieher die Chance, die Spiele den Bedingungen in seiner Gruppe anzupassen.

Die „Rhythmischen Kurzspiele" (Bosse-Verlag 1980 Lucie Steiner/Ingrid Engel) wurden vier großen Bereichen zugeordnet: dem motorischen, affektiven, kognitiven oder sozialen Bereich. Die Autoren haben bei den „Musikalischen Kurzspielen" auf eine Zuordnung verzichtet, weil viele Spiele mehrere Bereiche tangieren. Daraus ergibt sich eine unterschiedliche Gewichtung der Elemente eines Spieles: Individuell der Gruppe angepaßt, können sich die Akzente verschieben. Um dem Erzieher jedoch die Übersicht zu erleichtern, sind die „Musikalischen Kurzspiele" in 3 verschiedene Kapitel gegliedert:

1. Musik erleben und gestalten
2. Signal, Reaktion, Notation
3. Zusammenklang

Vor jedem Kapitel stehen spezielle Hinweise.
Für viele Spiele gibt es Musikbeispiele auf Cassette. Die Verfasser der Lieder und Musikbeispiele (Cassette) sind im Anhang des Buches aufgeführt.
Wer aus beiden Materialsammlungen „Rhythmische Kurzspiele" und „Musikalische Kurzspiele" systematisch verschiedene Themenbereiche zusammenfassen möchte, findet dort auch Anregungen mit vielen Querverbindungen.
Kindern, Eltern, Lehrern und Erziehern sollen die „Musikalischen Kurzspiele" viel Freude bereiten.

Mai 1991 Lucie Steiner und Ingrid Engel

Die elementaren Instrumente

Der Umgang mit den elementaren Instrumenten macht Kindern Freude, weil ihre Handhabung einfach ist und zur Fantasie anregt.
Man kann die Art des Musizierens frei gestalten, mit gestischen Impulsen lenken, aber auch als Vorübung zum Erlernen konventioneller Instrumente betrachten.

Von Beginn an sollen die Kinder mit der Handhabung möglichst verschiedener Instrumente vertraut werden; sie sollen Instrumente auch selbst anfertigen. Auf diese Weise lernen sie alle „Spiel"-Arten kennen und werden mit den Prinzipien der Klangerzeugung vertraut.
Balance, Fingerspitzengefühl, manuelle Geschicklichkeit und die Koordination verschiedener Bewegungen werden geschult. Alle „Musikalischen Kurzspiele" sind wichtige Vorübungen für den späteren Erfolg am „großen" Instrument. Spielerisch erfahren die Kinder auch die Systematisierung der Instrumente und die Zuordnung nach Gruppen: Der Umgang mit Holz-, Metall-, Fell-, Zupf- und Schüttelinstrumenten regt die Vorstellungskraft an und stärkt das Klangempfinden der Kinder. Sie werden informiert über Klänge, Geräusche, Klangfarbe, Schwingung, Klangstärke, Klangdauer und Zusammenklang.

Um Eltern, Erziehern und Lehrern das Lesen der Spielanregungen zu erleichtern, sind die Instrumente durch Symbole gekennzeichnet. Beim Umgang mit den „Musikalischen Kurzspielen" empfiehlt es sich, auch mit den Kindern Instrumentensymbole zu vereinbaren.

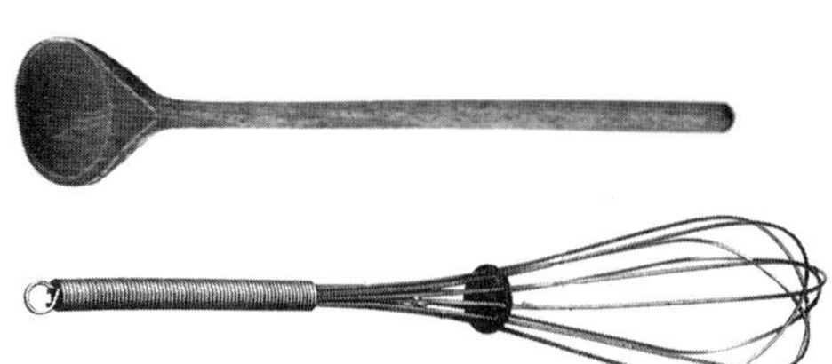

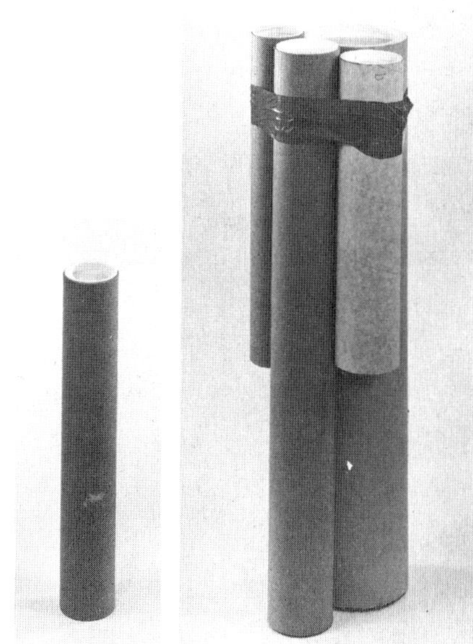

1 Kleine Pauken
2 Metallophon
3 Xylophon
4 Handtrommel
5 Schellentrommel
6 Triangel
7 Schellenkranz
8 Schellenband
9 Finger-Cymbel
10 Cymbel
11 Hängendes Becken
12 Holzblocktrommel
13 Glockenspiel
14 Kugelrasseln
15 Schellenrassel
16 Klanghölzer
17 Stielkastagnette

Xylophon
Holzblocktrommel
Klanghölzer
Röhrentrommel

Glockenspiel
Metallophon
Cymbel
Becken
Fingercymbel
Schellenkranz
Triangel

Pauke
Handtrommel
Rassel
Kugelrassel
Zupfbecher
Bauchtrommel

Musik erleben und gestalten

Beim Hören von Musik, dem Lernen von Melodien, Rhythmen und Texten kann man beobachten, wie unterschiedlich Kinder reagieren.
Die ,,Biologie der Lernvorgänge" spielt dabei eine spezifische Rolle und wirkt sich positiv auf alles Lernen aus. Denn Musik ist wahrnehmbar und erfahrbar nicht nur durch unser Ohr. Man kann Musik empfinden, sich dabei an etwas erinnern. Man kann Musik fühlen und berühren, wenn eine Saite schwingt, das Fell einer Pauke vibriert oder ein hängendes Becken seinen Klang in unseren Fingerspitzen spürbar macht.
Man kann Musik als Notation sehen und lesen und für Musik Symbole finden und aufzeichnen, indem man ihre Bewegung sichtbar macht. Man kann Notationen und Partituren betrachten und dabei Klangvorstellungen haben. Musik kann auch kleine Kinder schon ,,in Stimmung" versetzen. Unser Inneres ist wie eine ,,Saite", die den gehörten Klang in persönliches Erleben verwandelt. Umwelt und Erziehung setzen besondere Akzente.
Musik nimmt aber auch die Denkkraft in Anspruch und fördert sie: Im darstellenden Spiel werden musikalische Formen sichtbar gemacht, Liedtexte werden behalten, wenn sie durch Pantomime gefestigt oder als sichtbare Denkhilfe gemalt werden.
Alle musischen Komponenten verlangen nach Frei- und Spiel-Raum. Die beim Lernen gespeicherten Informationen bestehen nicht nur aus dem eigentlichen Stoff, der gelernt und gestaltet wird, sondern auch aus den mitgespeicherten, mitschwingenden übrigen Wahrnehmungen. Auf diese Weise entsteht erlebnishaftes Lernen, das Freude macht.

Alles das gehört zusammen

Sehen, hören, denken, fühlen, bewegen

Stabspiele, weitere elementare Instrumente, Cassette

Spielanregung:
Obwohl im Lied – in fast kunterbunter Reihenfolge – auf verschiedenste Umweltbereiche hingewiesen wird, sind Melodie und Text leicht lernbar. Man soll beim Lernen alle Sinne einbeziehen!
Durch gestische Darstellung kann man die Kinder auf die ergänzenden Textmotive vorbreiten: Sie singen nach der gesungenen ,,Frage" der Erziehers sofort die ,,Antwort". Durch begriffliche Zuordnung (z. B. Wasser-Fisch), durch die eingängigen Reime (z. B. Tisch-Fisch) und durch die organisch empfundene Ergänzung des Dreiklangs werden alle Sinne angesprochen, die Auffassung und Lernen motivieren.
Zur Einführung des Liedes stellen die Kinder das Lied pantomimisch dar. Auf diese Weise prägt sich der Text gut ein.

Variante 1:
Das Lied kann mit großem Spaß auch als kombiniertes Tanz- und darstellendes Spiel aufgeführt werden. Verwendet man dazu die Musik der Cassette, klatschen die Kinder beim Vorspiel und bei den Zwischenspielen mit. Bei der Vorstrophe ,,Alles das gehört zusammen" tanzen sie frei im Raum, um bei ,,zu seiner Frau" einen Partner zu erhaschen. Bei den ein-

zelnen Strophen werden die besungenen Tiere und Gegenstände im Partnerspiel dargestellt. Am Ende jeder Strophe trennt man sich, tanzt allein im Raum und sucht sich einen neuen Partner:

Variante 2:
Ohne den Kindern die Taktänderung bewußt zu machen, fordert man sie sofort auf, auf den F-, A- und C-Platten das Lied mit Dreiklängen zu begleiten. Das motorische Spiel im Sprachrhythmus vermittelt ihnen natürliche Sicherheit.
Weitere elementare Instrumente können zusätzliche akustische Akzente geben. Kinder kommen oft zu erstaunlichen Einfällen: So gaben die Worte der dritten Strophe – wie ,,Nagel'', ,,Klammer'', ,,Stacheln'', ,,Igel'', ,,Kämmchen'' – Anlaß, die Begleitmusik ,,symbolisch'' zu verändern. Die Kinder drehten die Schlägel um und spielten nur mit den Schlägelstielen. Auf diese Weise entsteht ein ,,nadeliger, stacheliger und zarter Klang''.
Den Kindern soll viel Zeit gegeben werden für kreative Bewegungs- und Klangerfindung. ,,Alles das gehört zusammen'' findet auch bei der Elternarbeit spontan Anklang.

Begrüßungsspiel

Rhythmus und Bewegungserfindung

Cassette

Spielanregung:

Kinder unterhalten sich mit dem Erzieher über verschiedene Arten der Begrüßung (Handgeben, Schulterklopfen, umarmen, den anderen in den Arm nehmen, sich küssen und streicheln, die Wangen gegeneinander legen, sich verneigen, beim Erkennen die Augenbrauen heben, sich zunicken, die Hand erheben . . .). Sie sprechen Worte aus, die man bei der Begrüßung sagt, auch Ausländerkinder schildern ihre Formen der Begrüßung.
Das Begrüßungsspiel mit Musik soll viele Arten der Kommunikation spiegeln. Ein rhythmisch straffer Sprechteil, bei dem die Kinder mit Gesten grüßen, klatschen und tanzen, wechselt mit einem improvisatorischen Teil ab. Hier sollen durch Bewegungserfindung viele Formen des Grüßens dargestellt werden.

Sprechteil:

Eins und zwei und drei und vier,
alle Leute grüßen wir,
fünf und sechs und sieben, acht,
unser Spiel euch Freude macht.

Eins und zwei und drei und vier,
Klingelreigen spielen wir,
fünf und sechs und sieben, acht,
unser Spiel euch Freude macht.

Eins und zwei und drei und vier,
komm doch her und tanz mit mir,
fünf und sechs und sieben, acht,
unser Spiel euch Freude macht.

Eins und zwei und drei und vier,
spielen, singen lieben wir,
fünf und sechs und sieben, acht,
unser Spiel euch Freude macht.

Instrumenten-Börse

Einfache Instrumente basteln

Viele verschiedene Materialien

Kinder unterhalten sich gerne über Klänge und Geräusche, die in der Natur entstehen und vom Menschen gewissermaßen „entdeckt" werden:
Der Wind im Schilfrohr,
der Regen auf dem Dach,
Donnergrollen, Vogelstimmen.
Das Gehör der Kinder soll geschärft werden, um die unterschiedlichen Arten der Tonerzeugung bewußt zu machen: Durch Klopfen auf Gegenstände, Anreißen oder Streichen von Saiten, Blasen von Luft in Hohlkörper entstehen Schwingungen mit schwacher oder starker Resonanz, die Geräusche oder Klänge verursachen. Der Mensch hat durch genaue Beobachtung der Natur diese Erkenntnise auf den Bau der Instrumente übertragen. Die charakteristischen Unterschiede der Klänge hängen ursächlich mit der Bauart der Instrumente und der Art der Tonerzeugung zusammen. So entstanden Schlag-, Blas-, Zupf- und Streichinstrumente.

Spielanregung:

Der Erzieher und die Kinder können gemeinsam einfache Instrumente herstellen und damit Musik machen.

Schlaginstrumente:

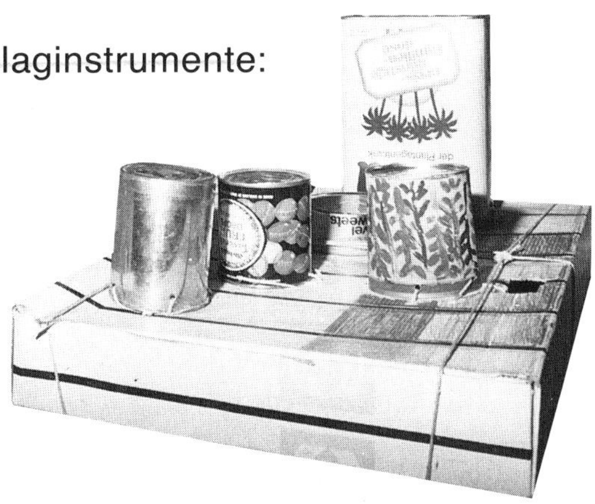

Dosen, Pappkartons, Eimer, Kochtöpfe, Kokosnüsse (die auch mit Pergamentpapier, Luftballonhaut und Fell bespannt werden können).

Blasinstrumente:

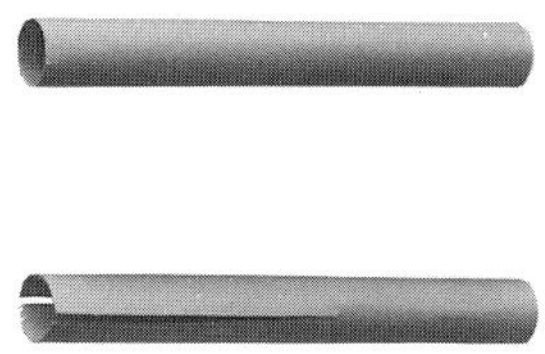

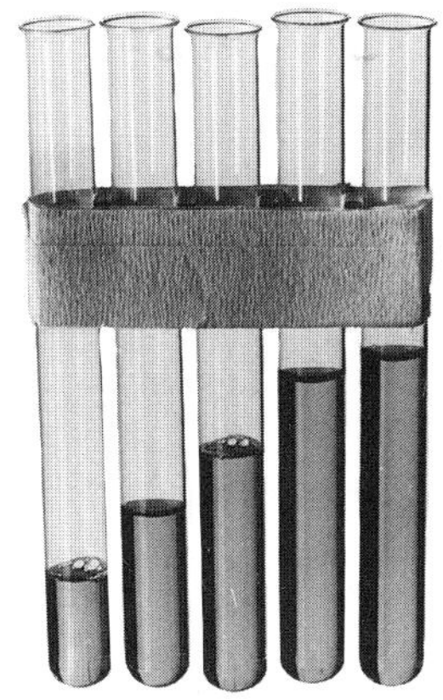

Flaschen, Schlauch, Bambusrohr, Röhren aus Papier, Holz, Metallfolie . . .

Zupfinstrumente:

Saiten aus Draht, Baumwollschnur, Gummi oder Nylon über Resonanzkörper spannen (z. B. Joghurtbecher, Zigarrenkisten) . . .

Streichinstrumente:

Kleine Kisten oder Schachteln mit Saiten bespannen, einfache Bogen aus Rohr und Draht anfertigen . . .

Selbstklanginstrumente:

Rasseln aus Dosen und Bechern, Glokken, Gläser, Klappern aus Holz und Steinen, Blechdeckel, Holzscheite . . .

Schlagwerkzeuge und Schlägel:

Kochlöffel, Bürsten, Holzstäbe, Pinsel, Stricknadeln, Fingerhüte . . .

Der Klang verwandelt sich
Sehen, reagieren, hören

Elementare Instrumente

Jedes Kind hat ein Instrument. Die Kinder sitzen oder stehen im Halbkreis. Der Erzieher (oder auch ein Kind) ist „Dirigent" und steht vor der Instrumentalgruppe. Der Arm des Dirigenten gleitet wie ein Uhrzeiger ganz langsam der Linie des Halbkreises entlang.
Die Kinder warten, bis der Arm in ihre Richtung zeigt, dann ertönen ihre Instrumente und verstummen wieder, wenn der Arm weitergleitet. Dadurch entsteht ein „Klangband" von dauernd wechselnder Klangfarbe.

Variante:
Durch eine bestimmte Aufstellung nach Instrumentengruppen läßt sich der Wechsel der Klangfarbe gut beeinflussen. Spielregeln für unterschiedliche Klangstärken (z. B. hoch erhobener Arm = laut, Arm in der Mitte = normale Klangstärke, nach unten zeigend = leise) sollen Kinder selbst finden.

Fingerspitzenmusik
Optische und klangliche Varianten

Stoffreste, Knöpfe und Garn
Stabspiele

Kinder wollen Stabspiele zuerst meist mit dem Schlägel anschlagen. Sie tun dies, je nach Temperament, oft mit heftigem Schlag und lassen den Schlägel manchmal auf dem Klangstab ruhen. Sie wundern sich dann, daß der Ton nicht weiterklingt. Ihnen wird nicht sofort bewußt, daß sie den Schwingungsvorgang selbst abgedämpft haben.

Wenn man Stabspiele einführt, sollte man zunächst mit Händen und Fingern auf den Klangplatten spielen: Mit den Fingerknöcheln pochen, mit den Fingernägeln tippen und trommeln, hin- und hergleiten, langsam und schnell, heftig und leise. Da Kinder manuell noch nicht so geschickt wie Erwachsene sind, kann man diese „Fingerspitzenmusik" klanglich und optisch erweitern.

Spielanregung:

Kinder und Erzieher fertigen aus bunten Stoffresten einfache Handschuhe, an deren Fingerspitzen sie kleine Knöpfe annähen oder ankleben. Sie machen mit den angezogenen Handschuhen durch Tasten, Tippen, Gleiten, Patschen, Pochen und Klopfen auf den Stabspielen Musik.
Durch Aufteilen in Gruppen, durch „Dirigieren" und Gestikulieren mit den „farbigen Händen" finden die Kinder weitere optische und klangliche Varianten.

Bauchtrommeln und Zupfbecher

Schlagen und zupfen

Schuhkartons, Dosen, Luftballons, Malstifte, Buntpapier, Lochzange, bunte Bänder, Schere

Die Kinder bekleben oder bemalen die Unterseite und die Seitenflächen eines Schuhkartons. Sie knipsen mit einer Lochzange Löcher in die Seitenteile und ziehen die bunten Bänder durch. Die Bauchtrommel wird wie eine Schürze um den Bauch gebunden. Mit Händen und Fingern kann man darauf trommeln und verschiedene Rhythmen und Klänge erzeugen.

Die Bauchtrommeln haben den Vorteil, daß man sie leicht herstellen kann und die Kinder sich beim Spiel mühelos im Raum bewegen können. Bei Lied- und Musikbegleitung können die Bauchtrommeln variabel eingesetzt werden. Sie sind nicht nur akustisch, sondern auch optisch reizvoll.

Zupfbecher haben einen weichen, glokkenartigen Klang. Leere Dosen aus Metall oder Plastik werden von den Kindern mit Luftballonhaut bespannt. Man schneidet den verstärkten Ring (zum Aufblasen des Luftballons) ab und stülpt den Luftballon über eine entsprechend große Dose.
Je mehr gespannt wird, umso höher klingt der Ton. Der Ton wird laut oder leise, indem man die gespannte Luftballonhaut mit dem Finger stark oder schwach zupft oder anreißt.
Wenn man den Zupfbecher während des Spiels auf einen Resonanzkörper (z. B. Tisch) stellt, kann man den Klang verstärken.

Klangzauber

Klangdifferenzierung im experimentellen Spiel

Verschiedene Metallophone, Stielkämme

Metallophone sind nur bedingt für das Musizieren mit Kindern einsetzbar, weil die Metallstäbe, besonders wenn sie mit harten Schlägeln schnell und heftig angeschlagen werden, scharf und anhaltend klingen. Es entsteht ein „Klangbrei".
Der sparsame und fantasievolle Einsatz des Metallophons hat dennoch seine Berechtigung. Einfallsreiche Kinder nutzen viele Möglichkeiten im experimentellen Spiel.
Spielanregungen:
Statt Schlägeln können beispielsweise Haarkämme verwendet werden. Mit den Zähnen des Kammes streicht man leicht „sägend" an der Außenkante einer Klangplatte von oben nach unten. Es entsteht ein zarter, singender Ton.
Man kann verschiedene Klanggruppen zusammenstellen (Intervalle, Dreiklänge, Akkorde) und sie als „Klangzauber" wirken lassen, aber auch als Begleitmotive zu entsprechenden Liedern oder als musikalischen Hintergrund zu kleinen Texten und Geschichten.
Mit dem Stiel der Haarkämme erzeugt man Punktklänge oder ein „durchsichtiges" Klangmuster, durch Hin- und Hergleiten feine „Glissandi" und durch akzentuiertes Aufsetzen des waagrecht gehaltenen Kammes (auf verschiedene Platten gleichzeitig) einen effektvollen Zusammenklang mehrerer Töne („Cluster").
Das Spiel mit den Kämmen erfordert eine sichere und ruhige Hand.

Rühre Löffel

Dreiklänge mit unterschiedlichen Klangelementen

Elementare Instrumente und verschiedene Geräte

Die Kinder lernen die kleine Volksmelodie und unterhalten sich über Backen und Herstellen von Kuchen. Sie suchen die drei Töne (F, A und C), aus denen das Lied besteht, aus den Klingenden Stäben, aus Xylophon, Metallophon, Glockenspiel . . . heraus und verwenden nur diese für eine Instrumentalbegleitung. Die Kinder brauchen dabei weder auf die Melodieform noch auf eine bestimmte Reihenfolge der drei Töne zu achten. Der Text gliedert die Form, die drei Töne ergeben eine Dreiklangbegleitung. Diese instrumentale Begleitform kann auch für sich allein erklingen, z. B. als Vorspiel oder als Zwischen- und Nachspiel. Durch die dauernde Wiederholung bekommen die Kinder Lust am Musizieren, auch bessert sich ihre Spieltechnik.

Variante:

Um das Lied zu einer Spielkantate auszubauen und die Kinder anzuregen, auch selbst einfache Instrumente herzustellen, kann man die Zwischenspiele mit verschiedensten Klangelementen beleben.

Ein sinnvoller Weg zur Fantasie- und Klangerfindung geht über ein gemeinsames Gespräch und über die nachahmende Bewegung von Tätigkeiten. Diese Bewegung wird später auf die Spielbewegung übertragen.

Spielanregung:

Die Kinder ahmen pantomimisch das Kneten und Rühren von Teig nach, das Schütten und Bestäuben mit Zucker, das Aufschlagen von Eiern, das Hinlegen und Ordnen von Früchten, das Bestäuben mit Mehl, das Wellen des Teiges, das Kosten und Schlecken mit Fingern und Kochlöffeln. Daraus können folgende Klangelemente entwickelt werden:

– Handtrommeln wie eine ,,Schüssel" in die Hand nehmen und darin ,,rühren"

– Klanghölzer wie ein ,,Wellholz" hin- und herrollen

– Schellenkranz wie eine Zuckerdose schütteln

– Kochlöffel mit Filz bekleben und als Schlägel verwenden

– Kochlöffel mit Glöckchen behängen und das Bestäuben mit Mehl nachahmen

– Pergament- oder Zeitungspapier als ,,Brutzel"- und ,,Knister"-Geräusch verwenden

– Plastik- und Metalldosen mit Luftballonhaut bespannen, diese anzupfen und Geräusche erzeugen, die wie ,,Schlecken" oder ,,Eieraufschlagen" klingen

Um die Vielfalt der Anregungen zu ordnen und die einzelnen Solisten wirkungsvoll zur Geltung zu bringen, sollen Lied und Zwischenspiel oft wiederholt werden. Bei jedem neuen Zwischenspiel erklingt ein neues Klangelement!

Schütteln und Schlagen

Rhythmus und Klangstärke

Rasseln, Schellenrasseln, Triangeln, Cymbeln, Holzblocktrommeln, Handtrommeln (Pauken)

Bei kleinen Auszählversen, Sprechversen und Wortspielen, die mit Instrumenten begleitet werden, sollen Kinder sich auf eine bestimmte Auswahl von Musikinstrumenten beschränken lernen. Oft gibt der Text selbst die Impulse zur Wahl der Instrumente.

Eine ,,Kiste" stellen wir uns kantig und schwer vor, der Klang des Wortes gibt schon die ,,Idee" zur Wahl des Instruments – etwa Trommel, Pauke, Holzblocktrommel.

Das Wort ,,rappelt" führt zur Spielbewegung des Instruments – etwa Rassel, Schellenrassel oder Triangeltremolo.

Auf diese Weise entstehen zwei Klangelemente: ,,Schütteln" und ,,Schlagen".

Bei jeder weiteren Verszeile kann man zusätzliche Instrumente hinzunehmen, so daß auch eine dynamische Steigerung erreicht wird. Auch als Klangspiel – wobei der Text als rhythmische Stütze mitgedacht wird – ist der dynamische Wechsel von ,,Schütteln" und ,,Schlagen" sehr wirkungsvoll.

Tragen, schlagen, klingen, singen

Konzentration, Intonation

Xylophonstäbe und Schlägel

Aus einem Xylophon darf jedes Kind einen Klangstab herausnehmen und diesen im Raum herumtragen. Der Klangstab kann auch balanciert werden – auf dem Kopf, auf dem Handrücken, in der Hand.

Verschiedene Gegenstände im Raum werden mit dem Klangstab angetippt. Die Kinder stellen fest, daß nur ein kurzes Geräusch entsteht. Die Kinder nehmen nun einen Schlägel in die Hand und probieren, mit diesem dem Klangstab einen Ton zu entlocken. Sie merken, daß nur ein trockenes Geräusch entsteht.

Durch Impulse kann man die Kinder anregen, den Klangstab mit Daumen und Zeigefinger direkt an der Lochbohrung zu halten. So kann der Stab zum Klingen gebracht werden.

Die Kinder versuchen, diesen Ton auch mit der Stimme nachzuahmen. Sie gehen mit ihrem Stab im Raum herum und kontrollieren immer wieder, ob Stimme und Ton des Klangstabes übereinstimmen.

Variante:

Durch eine bestimmte Auswahl von Klangplatten (Dreiklänge, Pentatonik, bestimmte Intervallkombinationen . . .) können die verschiedenartigsten Klangmuster entstehen.

Regen, Regen-Tröpfchen
Sprachrhythmus und Klangspiel

Verschiedene elementare Instrumente

Schema mit Klanghölzern, Triangel und Becken:

♩	♩	♩	♩	𝅗𝅥	𝅗𝅥
Re -	gen,	Re -	gen -	Tröpf -	chen,
/\	/\	/\	/\	△	△
fall	mir	auf	mein	Köpf -	chen!
/\	/\	/\	/\	△	△
Fall	mir	nicht	da -	ne -	ben,
/\	/\	/\	/\	△	△
daß	ich	lang	soll	le -	ben!
/\	/\	/\	/\	⊙	⊙

Das Gestalten von Kinderversen im Sprachrhythmus dient sowohl der Sprecherziehung als auch der Stimmbildung. Die Kreativität der Kinder wird angeregt, wenn die rhythmischen Modelle eine klangliche Veränderung erfahren. Auf diese Weise kann derselbe Sprechvers oft wiederholt werden. Durch den wechselnden Klanghintergrund erfährt auch der sprachliche Ausdruck unbewußt verschiedene Interpretationsformen. Die Kinder finden spielend weitere Varianten.

Schema mit Glockenspiel und Becken:
Regen, Regen- Tröpfchen...

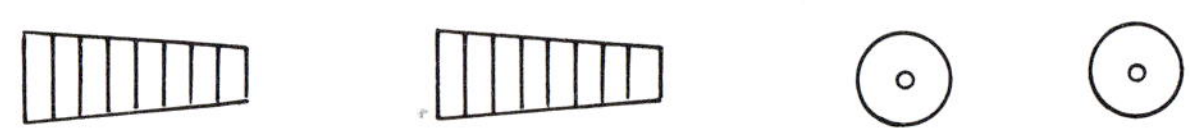

Schema mit Zupfbechern und Bauchtrommeln:

Regen, Regen- Tröpfchen...

Sprechverse sind austauschbar, wenn dasselbe rhythmische Modell zugrunde liegt. Die Kinder dürfen selbst Verse finden und im Spiel ausgestalten.

Ringel, rangel
Improvisieren

Stabspiele, Schellenkranz, Holzblocktrommeln, Rasseln.

Alte Kinderreime sind nach wie vor bei Kindern beliebt. Der Erzieher weiß die Einfachheit der Melodie – oft besteht sie nur aus drei oder fünf Tönen – zu schätzen. Es ist leicht, mit drei oder fünf Tönen zu improvisieren. Wird zu einem Lied mit Instrumenten improvisiert, ist Voraussetzung, daß Kinder Text und Melodie vorher im Spiel kennenlernen. Die Kinder bekommen über die Impulse des Sprachrhythmus – oder über Vorstellungshilfen des Textes – Anregungen zum Improvisieren.

1. Motiv

2. Motiv

Spielanregung zum Bewegungsspiel:

Die Kinder fassen sich an den Händen. Sie gehen beim 1. Motiv im Kreis, beim 2. Motiv ,,schlupfen" sie – in die Hocke gehend – ,,untern Hollerbusch". Die Kinder sollen zum gesungenen Lied weitere Bewegungsvarianten finden.

Spielanregung zur Liedbegleitung und zum Instrumentalspiel mit Stabspielen:

Wenn das Lied gesungen wird, können Xylophon und Glockenspiel begleiten. Man nimmt alle H- bzw. B- und E- Stäbe heraus, so daß die für Kinder übersichtliche Gliederung ,,Zwillinge – Drillinge – Zwillinge" entsteht. Jetzt können mehrere Kinder an einem Instrument improvisieren.

Der Text kann – nur geflüstert oder mitgedacht – als rhythmische Grundlage eines instrumentalen Zwischenspiels dienen. Lied und Begleitung, instrumentales Zwischenspiel, Lied und Begleitung . . . bringen Abwechslung, die Reaktionsvermögen und Spiellust der Kinder fördern.

Variante:

Zum experimentellen Spiel können auch einzelne Worte ermuntern:

,,Ringel, rangel" – Schlägel wie Kreise auf den Stabspielen drehen (dabei sind keine Platten entfernt, weil Kinder sonst mit den Schlägeln in den Lücken hängen bleiben)
– mit Rasseln schütteln

,,dreie" – aus drei Tönen Melodiemotive bilden
– drei verschiedene Instrumente spielen zusammen

,,schlupfen" – leise mit den Schlägeln – oder mit Schlägelstielen – über die Platten gleiten
– Rasselgeräusch (leiser werdend)

,,husch, husch, husch" – zu den gerufenen Worten verschiedene Instrumente akzentuiert anschlagen
– die Worte leise sprechen und leise Klänge erzeugen

Die kleinen Erfindungsaufgaben stärken Vorstellungskraft, Fantasie und Klangvorstellung.

Die Tulpe
Von der Enge in die Weite

Elementares Instrumentarium

Dunkel
war alles und Nacht.
In der Erde tief (leise)
die Zwiebel schlief,
die braune.

Was ist das für ein Gemunkel,
was ist das für ein Geraune,
dachte die Zwiebel,
plötzlich erwacht.
Was singen die Vögel da droben
und jauchzen und toben?

Von Neugier gepackt
hat die Zwiebel einen langen Hals gemacht
und um sich geblickt
mit einem hübschen Tulpengesicht.

Da hat ihr der Frühling entgegengelacht.

Spielanregung:
Dieses Gedicht eignet sich besonders gut zur pantomimischen Darstellung, weil es die Fantasie der Kinder beflügelt. Die Bewegung wird bewußt dynamisch gestaltet:

Aus der Enge – in die Weite,
aus der Tiefe – in die Höhe.

Auf den elementaren Instrumenten wird dieses „Aufblühen" als Klangsteigerung mitvollzogen. Dadurch ergeben sich viele Möglichkeiten der instrumentalen Improvisation.

Schlafmusik:
Fingercymbeln, Triangel, Glockenspiel
Erwachen:
Schellenkranz, Klanghölzer, Handtrommel
Emporrecken:
Xylophon (Glissando und Punktklänge)
Frühlingsmusik:
Alle Instrumente, Beckenschlag.

Plim-plam-plum!
Körperinstrumente beim Sprech- und Klangspiel

Vers:		Spielanregungen:
♩ Klitsch	♩ klatsch	– in die Hände klatschen
♪ ♪ flitsche	♩ flatsch	– mit einer wechselseitigen Auf- und Abwärtsbewegung in die Hände klatschen
♪ ♪ flitsche	♪ ♪ flatsche	– (dieselbe Bewegung)
♪ ♪ box box	♩ box	– mit Fäusten auf die Tischplatte boxen
♪ ♪ tippe	♪ ♪ tappe	– mit Händen auf den Tisch tippen
♪ ♪ ♪ poch poch poch		– mit Fingerknöcheln auf den Tisch pochen
♩ plim	♩ plam	– mit linkem und rechtem Fuß stampfen
♩ plum	𝄽	– mit beiden Beinen fest aufhüpfen

Die Kinder werden unmittelbar durch Wortaufforderung zur Geräuscherzeugung motiviert. Nach mehrfacher Wiederholung, bei der die Konsonanten scharf artikuliert werden und über das Sprechspiel auch rhythmische Prägnanz erreicht wird, soll der Text nur noch geflüstert werden. Zuletzt wird der Text lautlos als Mund- und Lippenspiel gestaltet, so daß nur das Klangspiel der Körperinstrumente hörbar ist.

Das musikalische Alphabet
Sprechen, spielen, gestalten

Alle verfügbaren Instrumente

ABC
Der Hase sitzt im Klee.

DE

FGH
Der Hase sitzt noch immer da.

IK
Wer kommt da?

L
So schnell?

M und N
Das ist einer, den ich kenn!

O
Der Hase lief davo . . .

PQ

RST

UVWXY
Der Has' lief wie ein Blitz davon.

„Oh, wenn ich ihn hätt!"
ruft der Fuchs.
Z

Spielanregung:

Das Sprechen und Rufen der einzelnen Buchstaben des Alphabets wird mit elementaren Instrumenten begleitet oder untermalt. Die Zwischentexte werden sprachlich frei gestaltet. Im Wechsel von „solo" und „tutti" soll das improvisierende Element Vorrang haben.

Die vier Jahreszeiten

Experimentelles Spiel

Elementares Instrumentarium

Kinder erleben Musizieren und Singen als Begegnung mit einer Welt, die vom Tages- und Jahreskreis geprägt ist. Gespräche über die vier Jahreszeiten regen die Fantasie an. Die Kinder beobachten die Natur im Laufe des Jahres und registrieren die Übergänge. Ihre Beobachtungen werden ins ,,Bild" übertragen, etwa mit einem Baum im Wechsel der Jahreszeiten:

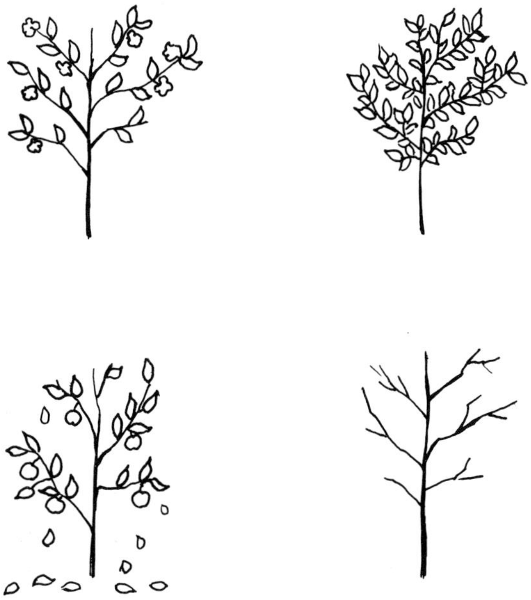

Spielanregung:

Im experimentellen Spiel mit den Instrumenten erfassen die Kinder das Charakteristische ihrer Bilder und versuchen, diese Eindrücke zu verklanglichen. Die pantomimische Darstellung kann der Klangimprovisation vorausgehen. Sie führt zur Lockerung der kindlichen Motorik und gibt über den Bewegungsablauf Impulse für verschiedene Spieltechniken.

Weitere Spielanregungen:

Frühling – Flöte, Glockenspiel, Triangel (Erwachen der Natur, Sprießen der Gräser . . .)
Sommer – Tamburin, Pauke, Handtrommel (Sommerhitze, Gewitter . . .)
Herbst – Xylophon (Fallende Blätter, wirbelnder Herbstwind, Erntetanz . . .)
Winter – Fingercymbeln, Schellenkranz (Erstarren der Natur, Eistanz, Schlittenfahrt . . .)

Trat ich heute vor die Türe

Tanzspiel (mit Cassette)

Rhythmusinstrumente

Das Zusammenwirken von Sprechen, Singen und Tanzen ist für Kinder eine Selbstverständlichkeit. Der Sprachrhythmus dient dabei oft als rhythmisch-musikalisches Element. Hier beim lustigen ,,Trat ich heute" sind die rhythmischen Motive ♪ ♪ ♩ Anlaß zu besonderer Betonung.

Spielanregungen:

– Kreisspiel
  Die Kinder gehen im Kreis, jeweils nach 4 Takten ändern sie die Richtung. Zu den Motiven wird geklatscht oder gestampft.

– Tanz- und Instrumentalspiel
  Die Kinder tanzen singend als Tiere herum, rufen laut die ,,verkehrten" Tierlaute und begleiten mit Instrumenten.

(nach jeder Strophe noch einmal Teil A bis Schluß)

Die Musikanten kommen
Unterschiedliche Klangmöglichkeiten probieren

Selbstgefertigte Instrumente zum Schlagen, Zupfen, Schütteln, Streichen, Reiben, Blasen

Der Erzieher erzählt den Kindern, wie in früheren Zeiten die Musikanten von Dorf zu Dorf, von Stadt zu Stadt zogen, um zum Tanz aufzuspielen. Die Kinder überlegen, auf welchen Instrumenten die Musikanten gespielt haben. Damit sie mit verschiedenen Arten der Klangerzeugung vertraut werden, sollen die Kinder mit dem Erzieher aus einfachen Materialien Instrumente basteln (siehe Instrumentenbörse).

Spielanregung:
Die Kinder sitzen in einem großen Kreis, jedes Kind hat vor sich sein selbstgefertigtes Instrument liegen. Die Instrumente werden der Reihe nach vorgestellt und nach Art der Tonerzeugung, Klangfarbe, Größe, Material unterschieden.

Wie sehen die Instrumente aus?
Die Form wird besprochen: Rund, eckig, lang, kurz, schmal, breit, hoch, flach, dreieckig, rechteckig . . .

Wie können die Instrumente gespielt werden?
Verschiedene Möglichkeiten werden ausprobiert: Schlagen, zupfen, streichen, reiben, scharren, klopfen, kratzen, schütteln, schaben, blasen, pusten, rollen . . .

Wie klingen die Instrumente?
Die Klangfarbe wird beschrieben: Hell, dunkel, schrill, dumpf, weich, hart, spitz, rauh, gläsern, hölzern, metallisch, klar, nasal . . .

Die Kinder erkennen, daß es unzählige Möglichkeiten gibt, die Instrumente zum Klingen zu bringen.
Ein gemeinsames „Konzert" der Musikanten beschließt das Spiel. Ein „Dirigent" gibt den Einsatz für Solo und Tutti-Spiel, er bestimmt Lautstärke und Tempo, Anfang und Ende der Musik.

Hänsel und Gretel

Märchenspiel

Instrumente und Geräte zum Spielen, Malen und Verkleiden, Musik (Cassette)

Märchen enthalten die Summe menschlicher Erfahrungen und Konflikte vieler Jahrhunderte. Sie spiegeln Angst, Freude, die Suche nach dem Paradies, das Gute und Böse wider. Märchen sprechen in ihrer sozialen Funktion und durch ihren Fantasiereichtum Kinder besonders an.

Märchen sollen immer selbst erzählt werden. Daran haben Kinder am meisten Freude.

Das Märchen ,,Hänsel und Gretel'' ist handlungsfreudig, Kinder – nämlich Hänsel und Gretel – sind dabei die Hauptpersonen. Deshalb können Kinder das Geschehen in diesem Märchen, die empfindsamen Regungen der Gefühle und die erstaunliche Selbständigkeit beim Überwinden von Problemen, gut darstellen.

Die Musik schildert Blätterrauschen, Ästeknacken, das Gehen der Kinder im Wald, Vogelrufe, das Staunen über das Pfefferhaus, das Rufen der Hexe: ,,Knusper, knusper, knäuschen'', das vermeintliche ,,Flüstern'' des Windes: ,,Der Wind, der Wind, das himmlische Kind'' (mit dem die Kinder die Hexe ablenken), das Feuer im Ofen und schließlich den fröhlichen Nachhauseweg.

„Hänsel und Gretel" kann gesungen, auf Instrumenten gespielt, als Handlung gestaltet und in vielen Bilderepisoden gemalt werden.

Kanon

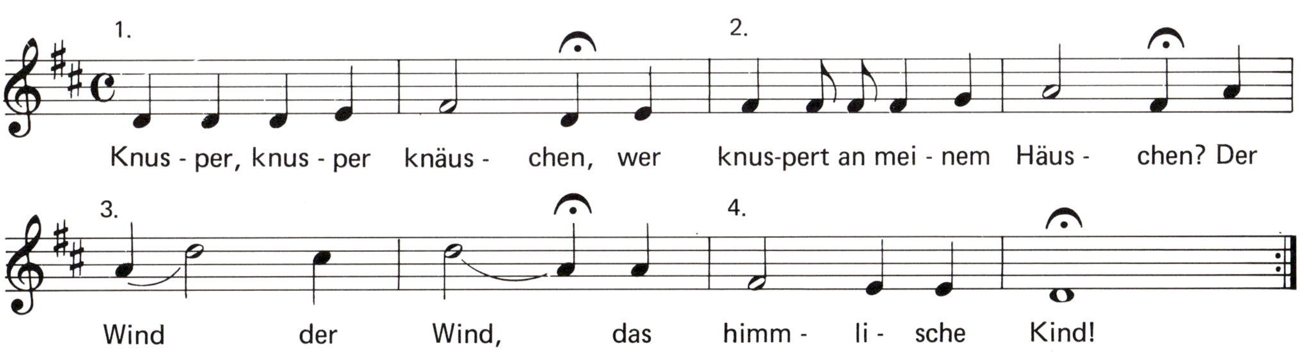

Kinderringelein

Spiel im Sprachrhythmus – Frage und Antwort

Handtrommeln und Rasseln
Xylophone und Glockenspiele

Die Kinder lernen das Lied, unterhalten sich über Geburtstag, Geschenke und Eßgewohnheiten. Sie teilen sich in Frage- und Antwort-Gruppe. Den ersten Abschnitt des Liedes singen sie gemeinsam. Dann singt eine Kindergruppe ,,Was essen's gern?", die andere antwortet ,,Fischelein". Die erste Gruppe fragt ,,Was trinken's gern?", die andere antwortet ,,roten Wein". Um Kinder an den natürlichen rhythmischen Fluß der Melodie zu gewöhnen, muß man sie darauf aufmerksam machen, daß zwischen ,,Frage" und ,,Antwort" keine Pause entstehen soll.

Das Spiel kann auch Instrumenten zugeordnet werden: Handtrommeln und Rasseln spielen den Anfang des Liedes, Handtrommeln ,,fragen" und Rasseln ,,antworten".

Variante:
Man kann das Lied mit Dreiklängen begleiten oder die Töne F, A, C, D verwenden. Xylophone und Glockenspiele schlagen die genannten Töne im Sprachrhythmus mit (Reihenfolge beliebig!), die ,,tiefen" Instrumente (Xylophone) fragen, die ,,hellen" (Glockenspiele) antworten.

Wenn genügend rhythmische Sicherheit im Spiel erworben ist, kann man Melodie und Text weglassen und die Liedgeschichte als reines Instrumentalspiel darbieten. Die Kinder sollen mit zwei Schlägeln spielen (abwechselnd mit linker und rechter Hand.)

Weihnachtsspiel

Singen und musizieren

Xylophon, Metallophon und Glockenspiel

Die Liedmelodie besteht aus den fünf Tönen der pentatonischen Reihe.
Im Gegensatz zur ,,normalen'' Tonleiter setzt sich die pentatonische Tonleiter (penta = fünf) nur aus fünf Stufen zusammen. Es fehlen die Halbtonschritte, nämlich der vierte und siebte Ton.
Es gibt viele pentatonische Kinderlieder. Die Melodien bezaubern durch ihren schwebenden Charakter. Wenn solche Lieder mit Stabspielen begleitet werden, kann man diese fünf Töne zur Improvisation verwenden.

Spielanregung:
Die Kinder lernen das Lied und gehen dann singend im Raum herum wie die ,,Schritte'' der Melodie. Wenn die Kinder mit Stabspielen begleiten, übertragen sie diese ,,Schritte'' auf das Instrument: Zwei Schlägel ,,gehen'' abwechselnd auf den Platten der fünf Töne F, G, A, C, D.

Bei der zweiten Strophe können weitere Instrumente hinzukommen. Der Liedtext soll immer verständlich sein. Eine gesungene Strophe kann mit einer Instrumentalstrophe (Zwischenspiel) abwechseln.

Variante:
Zum Lied können als ,,Hintergrundmusik'' auch ,,Weihnachtsglocken'' klingen. Ähnlich wie beim Spiel ,,Klangzauber'' streichen die Kinder mit Kämmen an den Platten eines Metallophons und erzeugen eine weiche, ineinanderklingende Musik. Die Kinder verwenden die Töne der pentatonischen Reihe (F, G, A, C, D) oder ,,Kirchenglocken'' (A, C, D), wobei der Grundton F entfällt.

Kling und klang und Gloria

Gemeinsame Spielbewegung

Xylophon und Glockenspiel,
selbstgebastelte Instrumente, Cassette

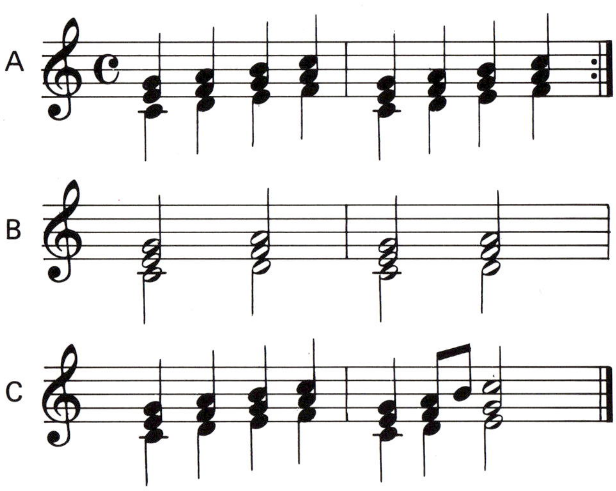

Kinder spielen gerne auf Xylophon und Glockenspiel. Meist sind aber nicht genügend Instrumente zum gemeinsamen Spiel vorhanden. Aus dem Mangel wird eine Tugend, wenn mehrere Kinder sich an einem Instrument durch eine gemeinsame Spielbewegung Mut machen.
Meist ist es üblich, zuerst ein Lied zu lernen und dann eine Begleitform auf Instrumenten zu finden. Unser Spiel geht den umgekehrten Weg.

Spielanregung:

An einem Xylophon (oder Glockenspiel) sitzen drei Kinder. Jedes Kind hat einen Schlägel. Das Kind auf der linken Seite (bei den tiefklingenden Tönen) beginnt langsam die ersten vier Töne zu spielen, die es nacheinander anschlägt und immer wiederholt:

Dieses kleine Motiv spielt dann auch das Kind in der Mitte, es beginnt jedoch mit der dritten Platte:

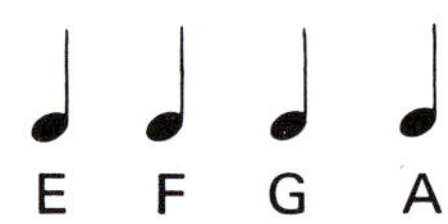

Wenn die Spielbewegung der beiden Kinder übereinstimmt, beginnt das Kind an der rechten Seite. Es spielt im gleichen Bewegungsablauf sein Motiv, das mit dem fünften Ton der C-Tonleiter beginnt:

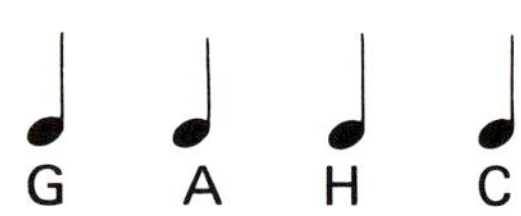

Der Erzieher imitiert die Spielbewegung seitenverkehrt, bis die Kinder die ersten Takte des Klangspieles sicher spielen können.
Die Teile B und C werden auf dieselbe Weise probiert. Für jeden Abschnitt der Übung läßt man sich genügend Zeit; die Kinder sollen sich an die gemeinsamen Spielbewegungen gewöhnen und den Klang auf sich einwirken lassen. Erst wenn die Kinder sicher sind, soll die Liedmelodie dazu gesungen werden.

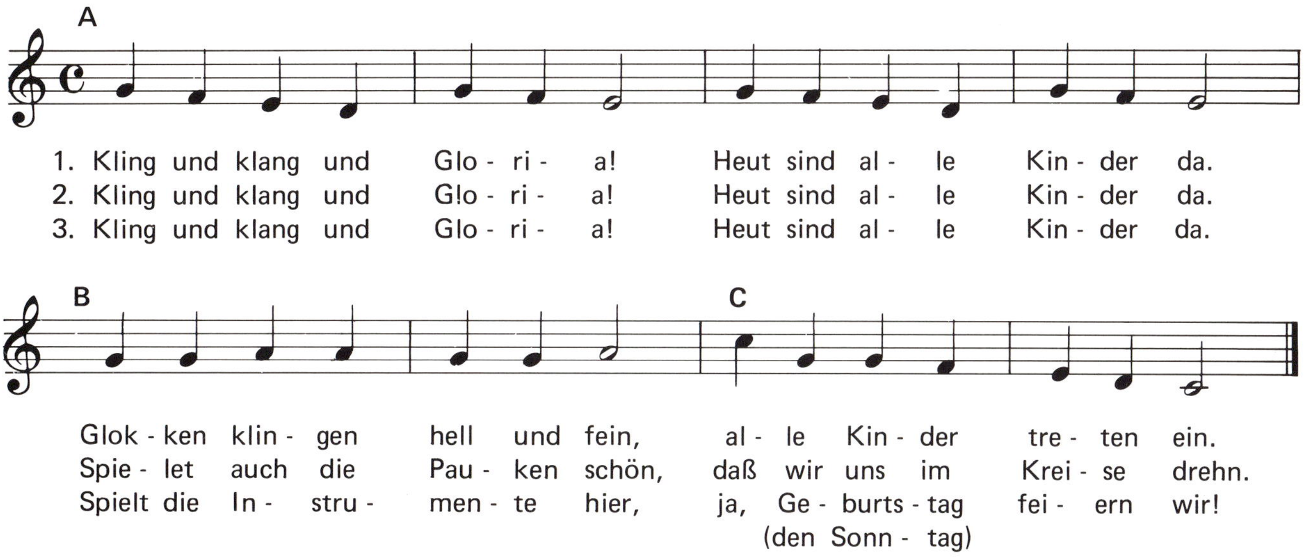

Variante:

Das Lied wird gelernt. Die Kinder singen es betont rhythmisch. Sie begleiten ihr Lied mit selbstgebastelten Instrumenten. Effekte kann man erreichen, wenn bei Teil B nur einzelne Instrumente mitspielen. Dadurch erhöhen sich Textverständlichkeit und Konzentration.

Wird zur Musik der Cassette mitgespielt, achtet man auf die Zwischenspiele, die man mit einfachen Rhythmusinstrumenten begleiten kann. Erst beim Einsatz der Liedstrophe spielen die Stabspiele wieder mit. Die Pause vor den Schlußakten ist für Zurufe gedacht.

Das Lied paßt zu vielen festlichen Gelegenheiten und kann auch als Bewegungsspiel aufgeführt werden, während die Eltern den Instrumentalpart spielen.

Signal, Reaktion, Notation

Die Verhaltensforschung kann an einer Fülle von Beispielen belegen, daß Sinnesreize Verhalten auslösen können.
Das Reagieren auf Reize ist nicht nur anlagebedingt. Kinder lernen schon sehr früh, Reize als Dinge, Zeichen und Symbole zu verstehen und reagieren darauf.
Im Alltag ist eine Vielfalt von Handlungen und Abläufen durch Signale geregelt, auch im sozialen Zusammenleben wirken Reize als Signale.
In der Musik wirken vielfältige Reize auf unsere Sinne ein. Sie können umgeformt werden in Wahrnehmen, Erkennen, Erleben und Bewußtwerden.
Beim Umgehen mit Musik lernen Kinder ein gewaltiges System von Zeichen und Symbolen kennen, die man hören, sehen, empfinden, tasten und gedanklich begreifen kann.
Die Fähigkeit, alle diese Wahrnehmungen zu einem ,,Muster'' zu verknüpfen, spielt beim Musiklernen eine entscheidende Rolle.
Der Zugang zur Musik soll deshalb nie einseitig geschehen, z. B. allein über Notenlernen. Kinder können vielmehr selbst Notationen finden, ja sogar selbstgemalte Bilder als fantasiereiche Merkhilfe oder Imaginationsimpuls zur Klangerfindung benutzen.

Musikerfahrung und Musikerleben soll immer ein ganzheitliches ,,Spiel'' sein, bei dem Wechselwirkungen von Zeit, Raum, Kraft, Form, Bild, Sprache und Umwelt in immer neuen Varianten miteinander kombiniert werden.
In diesem Kapitel werden musikalische Grundkenntnisse spielerisch erarbeitet.

Rosen, Tulpen, Nelken
Reize als Signale

Gong, Stabspiele, Rasseln und weitere elementare Instrumente, Rosenblüten

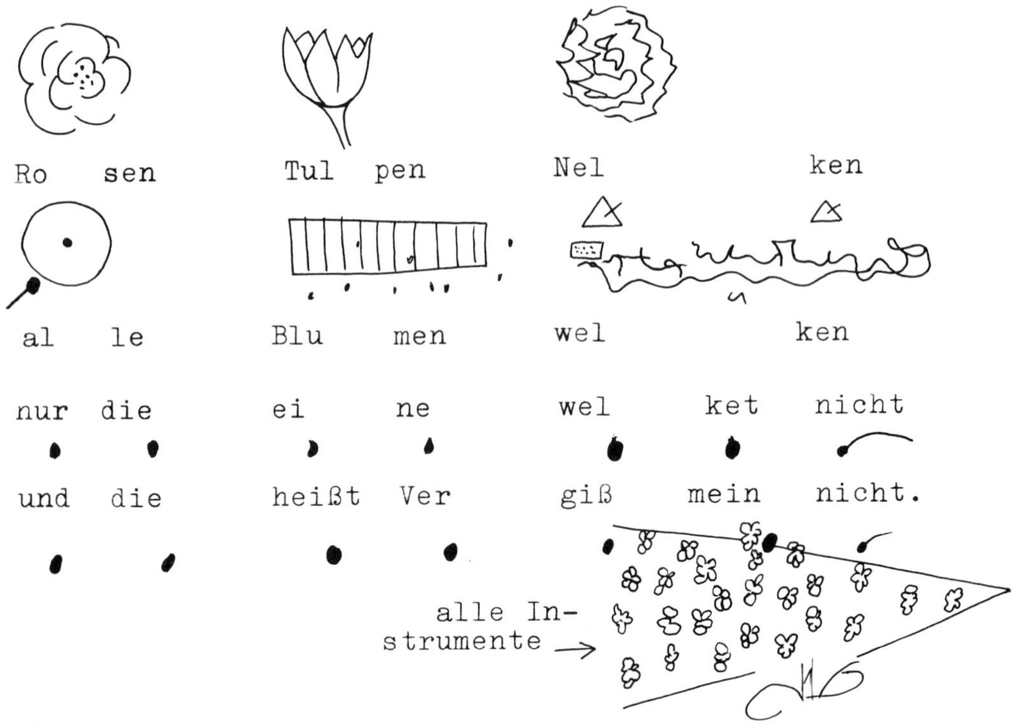

Das Lernen durch Vorstellungshilfen hat beim Umgang mit Musik eine besondere Bedeutung. Die Vorstellungshilfen wekken klangliche Fantasie, Dynamik und ordnendes Gestalten.

Bei diesem nostalgischen Album-Vers soll Klangempfinden über Vorstellung, Farbe, Form und Geruch gefördert werden.

Spielanregung:

Kinder betasten Rosenblätter, riechen daran und sprechen über Farbe, Form, Beschaffenheit und Geruch. Sie ahmen den Vorgang des Aufblühens – von der Knospe zur Blüte – in einem Bewegungsspiel nach. Sie suchen unter den elementaren Instrumenten eines heraus, dessen Klang dieser dynamischen Bewegung entspricht (Gong, Becken o. ä).

Die Kinder erinnern sich an Tulpenblüten und zeichnen in der Luft die symbolhafte Form des Blütenkelches nach. Dieses Bewegungsmuster wird mit den Schlägeln auf Stabspiele übertragen. Der Anschlag soll leicht und locker – wie fallende Blütenblätter – sein: Es entsteht eine Vielzahl von schnell nacheinander klingenden Tönen.

Wenn Kinder das zart Gekräuselte der Nelkenblüten in Klang umsetzen wollen, werden sie leicht auf den ,,sich kräuselnden" Klang von Rasseln kommen. Beim langsamen Sprechen des Wortes ,,Nelken" drehen sie diese – leise schüttelnd – in der Luft.

Es empfiehlt sich, zunächst nur diese drei Blumennamen – unter Berücksichtigung aller sinnenhaften Eindrücke – zu verklanglichen. Beim Erlernen der weiteren Zeilen wird ähnlich verfahren. Die Worte des ganzen Verses werden weich und langsam gesprochen.

Wenn die Kinder für die Abfolge der Klänge eine Spielregel vereinbart haben, soll das Klangspiel mehrmals auch ohne Sprache musiziert werden. Der Erzieher oder ein Kind gibt die Einsätze und imitiert die Worte durch lautlose Mundbewegungen.

Hören, sehen, fühlen

Klang und Rhythmus

Becken und Klanghölzer

Die Sinne der Kinder öffnen sich durch die Aufnahme von Reizen, die genau unterschieden werden. Die Kinder erleben im Hören, Sehen und Fühlen die Instrumente und den Raum. Sie lernen, das Gehörte und Erfühlte in Bewegung umzusetzen. Je aufnahmebereiter die Kinder allen sinnlichen Eindrücken gegenüberstehen, desto intensiver werden Klang- und Raumerlebnis.

Die Klänge von Becken und Klanghölzern sind wie Signale. Sie geben den Impuls zur Bewegung.

Spielanregung:

Beckenklang – Die Kinder übernehmen den Impuls, sowohl in der Lautstärke als auch in der Dauer des Klanges. Die Körperbewegung ist weich, schwingend. Das dynamische Element wird betont.

Klanghölzer – Die kurzklingenden Klanghölzer vermitteln einen völlig anderen Impuls zur Bewegungsgestaltung. Das rhythmische Element steht im Vordergrund und wird durch exakte Körperbewegung verdeutlicht.

Schwerpunktspiel

Dunkle und helle Instrumente

Pauke, Handtrommeln, Klanghölzer, Fingercymbeln

Die Kinder gehen im Raum und spielen mit verschiedenen Körperinstrumenten: Auf den Boden stampfen, auf die Schenkel patschen, in die Hände klatschen, mit den Fingern schnipsen. Dabei betonen sie den Schwerpunkt eines Vierer-Taktes. ,,Eins, zwei, drei, vier'' wird laut mitgezählt, um Sprachfluß und Bewegung dem Takt anzupassen.

Zunächst werden die Körperinstrumente frei gewählt, später in der Reihenfolge ,,von unten nach oben'' gespielt:

Vier – schnipsen
Drei – klatschen
Zwei – patschen
Eins – stampfen

Spielanregung:

Eine Gruppe mit elementaren Instrumenten begleitet die Bewegungsgruppe. Die einfache grafische Darstellung (auf einer Tafel) verdeutlicht die Bewegung von unten nach oben, vom ,,dunklen'' zum ,,hellen'' Instrument. Die Symbole erleichtern den Kindern das ,,Lesen''.

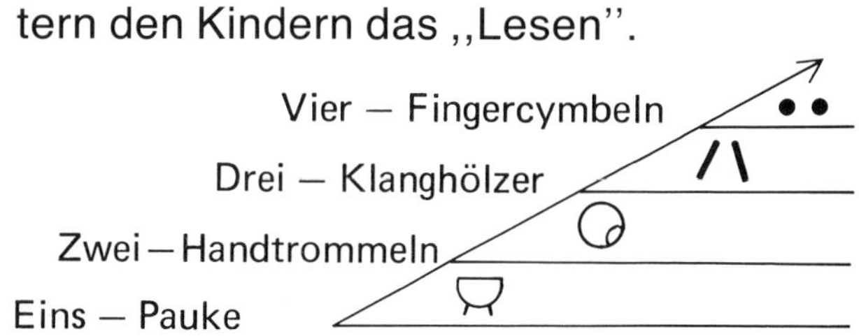

Domino
Reaktion und Gestaltung

Becken

Das bekannte Dominospiel ist bei allen Kindern beliebt, weil es die Möglichkeit bietet, ein ,,Muster" frei zu gestalten. Nur die Kontaktstelle ist durch die Punktzahl der einzelnen Steine vorgegeben, die Fortsetzung der Reihe ist jedoch jedem nach Belieben freigestellt. Dieses Prinzip der ,,Bindung und Freiheit" läßt sich auf die gemeinsame Bewegungsimprovisation übertragen.

Spielanregung:

Die Kinder sitzen in einem großen Kreis. Der Erzieher gibt einem Kind den Einsatz (Beckenschlag) zum Beginn des Spiels: Das Kind legt sich auf den Boden. Das nächste Kind (Beckenschlag) legt sich in die Nähe und berührt das erste Kind (z. B. Kopf an Kopf, Hand an Hand, Knie an Knie). Dieses Spiel wird fortgeführt, bis alle Kinder auf dem Boden liegen. Jedes Kind wählt frei die ,,Kontaktstelle" zum anderen Kind. In jedem neuen Dominospiel entsteht ein anderes ,,Muster". Diese Übung fördert neben der Kreativität auch das Sozialverhalten der Gruppe.

Marionetten
Teil- und Totalbewegung

Marionette und verschiedene Instrumente

Der Erzieher zeigt den Kindern eine Marionette und bewegt nacheinander die einzelnen Fäden. Die Kinder beobachten genau den Mechanismus der Puppe und versuchen, die Marionettenbewegung mit ihrem Körper zu imitieren.

Durch die Nachahmung des Beobachteten kommen die Kinder zur Bewegungsbeherrschung. Sie erkennen, daß die isolierte Bewegung einzelner Gliedmaßen viel schwieriger ist als die Totalbewegung des ganzen Körpers (etwa im ,,Hampelmann-Sprung").

Spielanregung:

Die Kinder stehen mit gegrätschten Beinen und ausgebreiteten Armen. Ein ,,Puppenspieler" geht umher und zieht an unsichtbaren ,,Fäden"; die Kinder bewegen dementsprechend (nur) Kopf, Hand, Bein, Finger etc. Manchmal unterbricht der ,,Puppenspieler" das Spiel, indem er in die Hände klatscht, dann dürfen alle ,,Puppen" im ,,Hampelmann-Sprung" tanzen.
Das Signal für Teil- oder Totalbewegung kann auch von einem Instrument gegeben werden.
Teilbewegung:
Kurze, spitze Punktklänge mit Klangholz, Holzblocktrommel oder Röhrentrommel.
Totalbewegung:
Rhythmische Bewegungssteuerung durch Fell-, Tasten- oder Melodieinstrument.

Der Ball als Dirigent
Bewegung sehen, hören, nachahmen

Trommeln, Pauken (auch selbstgefertigte), Stabspiele, Ball

Die Kinder überlegen, was wohl passiert, wenn man einen Ball aus großer Höhe auf den Boden fallen läßt. Sie tauschen im Gespräch ihre Erfahrungen aus. Dann beobachten sie, ob ihre Vorstellung mit der Wirklichkeit übereinstimmt. Ein Kind hält – mit seitlich ausgestrecktem Arm – den Ball in die Höhe und läßt ihn fallen. Die Kinder sehen und hören, daß der Ball mehrmals auf dem Boden aufhüpft. Das Tempo des Aufprallens beschleunigt sich und das Geräusch des Aufprallens wird zunehmend leiser, bis der Ball unhörbar ausrollt und liegen bleibt. Wer diesen Vorgang bewußt erlebt und kontrolliert, staunt, wie lange das dauert.

Spielanregung:

Diesen visuell-akustischen Vorgang übertragen die Kinder nun auf ihr Instrument. Dabei ist der Ball der ,,Dirigent". Er zeigt: Langsam oder schnell, laut oder leise, rollen, gleiten und ,,Ruhe".
Bei Fellinstrumenten oder selbstgefertigten Pauken ist das Instrument der ,,Boden", auf dem unsere Hand wie der Ball hüpft, springt und rollt. Bei den Stabspielen sind sämtliche Platten der ,,Boden". Der Schlägelkopf (der wie ein kleiner Ball aussieht) spielt die Rolle des Balls.
Aus diesen einfachen Bewegungsabläufen ergeben sich sinnvolle Spielregeln.

Die Kinder lernen durch Beobachten und Hören. Sie ahmen unbewußt im kontrollierten Zusammenspiel diese Abläufe nach und lernen dabei differenzierte Techniken des Instrumentalspiels.
Das ,,Rollen" und ,,Liegenbleiben" des Balls ist wie ein Ausatmen und gibt den konzentrierenden Abschluß zum immer wieder neu beginnenden Spiel.

Variante:
Man kann verschiedene Instrumentengruppen nacheinander – oder miteinander – spielen lassen.
Beispiel: Roter Ball dirigiert Fellinstrumente, grüner Ball dirigiert Glockenspiel, blauer Ball dirigiert Xylophon. Wenn mehrere Bälle gleichzeitig ,,dirigieren", entsteht ein reizvolles ametrisches Klangspiel.

Gib weiter!

Impulse zu Spontanreaktionen

Ein Instrument

Haben mehrere Kinder oder Erwachsene nur ein Instrument, wird dieses entweder spontan von einem Spieler ,,besetzt" oder Spieler haben Hemmungen, sich vor den anderen improvisierend zu produzieren. Das ,,Gib-Weiter-Spiel" bietet die Möglichkeit, sich mit einem Instrument gemeinsam eine Zeitlang musikalisch anregend zu verhalten und zu unterhalten.

Spielanregung:

Ein Instrument (z. B. Xylophon oder Handtrommel) wird kurz angespielt und an den nächsten Spieler weitergereicht. Jeder Spieler kann seine ,,Spielzeit" selbst bestimmen, auch was und wie er spielen möchte.
Der jeweilige Spieler kann melodische Motive probieren, durch unterschiedliche Anschlagarten Musik ,,sprechend" darstellen oder mit Klang-Gestik die Verbindung zum nächsten Spieler herstellen.
Die Reihung von Klängen und Rhythmen verschiedener Dauer und Dynamik erregt Neugierde und hat starken Motivationscharakter. Nur ganz selten schließt sich ein Kind vom Spiel aus. Es empfiehlt sich, die Klangreihe auf Cassette aufzunehmen und durch Hören noch einmal zu erleben. Wer kann dabei ,,sein" Motiv wiedererkennen?

Die Stimmgabel

Klang und Resonanz

Stimmgabel

Die Stimmgabel ist eine U-förmige Stahlgabel mit einem Griff am unteren Ende. Durch Anschlagen bringt sie den für alle Musikinstrumente gültigen Stimmton a hervor.
Der Erzieher schlägt eine Stimmgabel an und hält sie in die Luft: Der Klang ist sehr schwach, weil die Resonanz fehlt. Beim zweiten Anschlagen stellt der Erzieher die Stimmgabel auf einen Resonanzboden, der den Klang verstärkt. Die Kinder erkennen: Klang ist Schwingung und wird durch Resonanz verstärkt.
Spielanregung:
Die Kinder dürfen mit der Stimmgabel experimentieren. Sie stellen die Stimmgabel auf unterschiedliche Resonanzkörper (Holz, Metall, Glas, Kunststoff, an den Ohrknochen). Sie beschreiben die Unterschiede der wahrgenommenen Klänge.
Die Schwingungen werden auch sichtbar gemacht: Die angeschlagene Stimmgabel wird in ein Glas mit Wasser getaucht. Das Wasser gerät durch die Schwingung in eine leichte, zentrische Bewegung.

Das Metronom

Das mechanische Gleichmaß

Metronom und Klanghölzer

Das Metronom ist kein Musikinstrument, sondern ein Instrument zum Messen eines musikalischen Zeitmaßes. Das hörbare Ticken eines schwingenden Metallpendels kann auf verschiedenste Nuancen des Tempos eingestellt werden. Die Schwingungsdauer des Pendels wird durch ein verschiebbares Gewicht verstellt. Kinder sind fasziniert vom staccatoähnlichen, gleichmäßigen Ticken des Metronoms. Oft verpönt im Musikunterricht, weil das Metronom durch sein mechanisches Tikken jedem Eigenrhythmus des Musizierenden zuwiderläuft, reizt gerade diese Eigengesetzlichkeit des unbeirrbaren Staccato zum Nachahmen in Bewegung und Spiel.

Spielanregung:

Die Kinder probieren aus, ob sie mit Zungenschnalzen den Klang des Metronoms imitieren oder mit Klanghölzern bei langsamen und schnellen Tempi mithalten können. Immer wieder wird man erstaunt feststellen, daß die menschliche Aktivität an Schnelligkeit zunimmt, während das Metronom „stur" sein Tempo hält.
Spiele im Raum, wobei die Kinder eine aufgezogene Spielzeugpuppe oder einen Roboter nachahmen, können das staccatohafte Geräusch des Metronoms sichtbar machen.
Man kann diese „Staccato-Bewegung" auch im karikierenden Mienenspiel darstellen – ruckartig den Blick wechseln, Augenbrauen oder Nase hochziehen, Zähne blecken, Mundstellung verändern, Falten machen, Zunge herausstrecken. Den Kindern wird bewußt, wie der präzise Ablauf einer Geräuschstruktur die Bewegung suggestiv beeinflußt.

Ein Bild erzählt
Sehen, hören, musizieren, malen, beschreiben

Selbstgewählte Instrumente

Ein Bild wird an die Wand geheftet (es können auch mehrere Bilder sein). Die Kinder nehmen wahr, was auf dem Bild abgebildet ist. Sie teilen dann auf ihrem Instrument mit, was das Bild „erzählt". Das Bild dient ihnen als „Partitur". Stimmung, Farbe, Form und dargestellte Situationen bestimmen die musikalische Ausdrucksweise.
Durch diese unmittelbare Art des Musizierens werden Kinder für Klangqualitäten sensibilisiert. Sie entdecken auf einem Instrument verschiedene Klangfarben und Techniken der Tongebung.

Die Interpretationen haben – besonders bei selbstgemalten Bildern – einen stark emotionalen Bezug. Die Kinder sollen das Spiel frei gestalten. Gemeinsames Spiel und Solo-Spiel können abwechseln.

Variante:

Der Erzieher kann methodisch auch den umgekehrten Weg gehen: Die Kinder malen, während sie Musik hören. Sie sprechen danach über ihre Bilder und beschreiben damit unbewußt ihr Entdecken und Erleben der Musik.

Malen nach Musik

Bewegung von der Musik übernehmen – ins Bild übertragen.

Cassette, Papier, Farben

Starke Bewegungsimpulse, die von Musik ausgehen, werden von Kindern sofort in Körperbewegung umgesetzt. Diese motorischen Anreize können auch ins Bild übertragen werden. Das Gefühl für rhythmische und bildnerische Gestaltung wird durch Übung gefördert.

Spielanregung 1:

Das Musikbeispiel (Cassette) vermittelt einen ruhigen, besinnlichen Eindruck. Naturhaft anmutend, soll es das Empfinden der Kinder ansprechen. Die zur Musik gemalten Bilder werden anschließend ausgebreitet, damit man darüber sprechen kann.

Spielanregung 2:

„Der wilde Reiter" von Robert Schumann:

Das kleine Klavierstück vermittelt einen unmittelbaren, starken Bewegungsanreiz. Die motorische Erfahrung des Kindes kann in die rhythmische Gestaltung des Bildes eingehen. Das galoppierende Pferd drückt Kraft, Bewegung und Rhythmus aus. Die Wirkung des Bildes ist ausgesprochen „musikalisch", da Erleben und Gestalten des Musikstückes sich miteinander verbinden und greifbar erscheinen.

Begriffespiel
Klang und Aktion

Becken, Reifen, Steine

Musikalische Begriffe können schon kleinen Kindern durch Bewegung spielerisch vermittelt werden. Im „Spiel mit Geräuschen und Klang" (Rhythmische Kurzspiele) übernehmen die Kinder den Impuls direkt vom Instrument und „übersetzen" ihn unbewußt in eine adäquate Körperbewegung: Die kurzklingenden Klanghölzer lösen eine staccatohafte Bewegung aus, während langklingende Instrumente wie Triangel und Becken zu fließender, legatoähnlicher Bewegung animieren.
Der Erzieher kann durch Spiel, Klang, Bewegung und Notation die musikalischen Begriffe „erklären" und den Kindern bewußt machen.

Legato – gebundenes Spiel, Töne und Klänge miteinander verbinden;
Staccato – kurz, gestoßenes Spiel, getrennte Töne;
Crescendo – lauter werden, Steigerung in Lautstärke und Bewegung.

Spielanregungen:

Legato – Ein Ton „wandert" im Kreis, wobei ein ununterbrochener Tonstrom entstehen soll. Ein Becken wird angeschlagen und weitergereicht. Jedes Kind achtet darauf, daß der Tonstrom nicht abreißt. Die Kinder bewegen sich zum Klang des Beckens und machen mit dem Körper das „Legato" sichtbar. Neben der Totalbewegung des Körpers können auch Teilbewegungen geübt werden (Legato-Fingerspiel).

Staccato – Die Kinder lassen ihre Finger auf einem Reifen tanzen. Jeder Finger darf den Reifen nur ganz kurz berühren. Auch mit der Stimme können kurze Klänge erzeugt werden: Schnalzen, hecheln, lachen, zischen, pfeifen. Es sollen unterschiedliche Tempi geübt werden.

Crescendo – Die Kinder haben kleine Steine in den Händen. Sie sitzen um einen großen Stein und beginnen leise, mit kleiner Bewegung, ihre Steine auf dem großen Stein zu reiben. Tempo und Lautstärke steigern sich, so daß ein deutliches Crescendo entsteht.

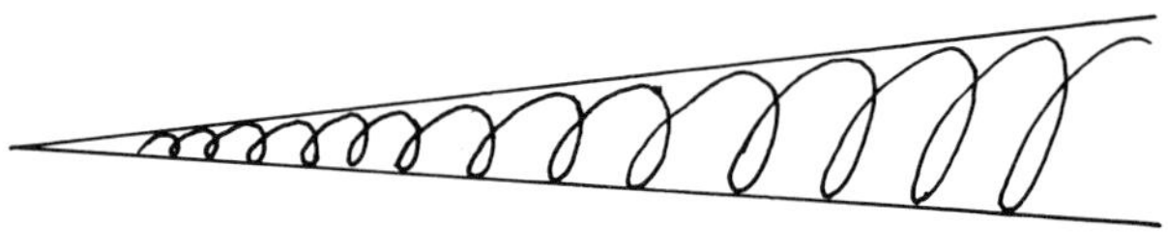

Das Karussell

Sprechen, malen und spielen

Malstifte, Fell-, Schlag- und Tasteninstrumente

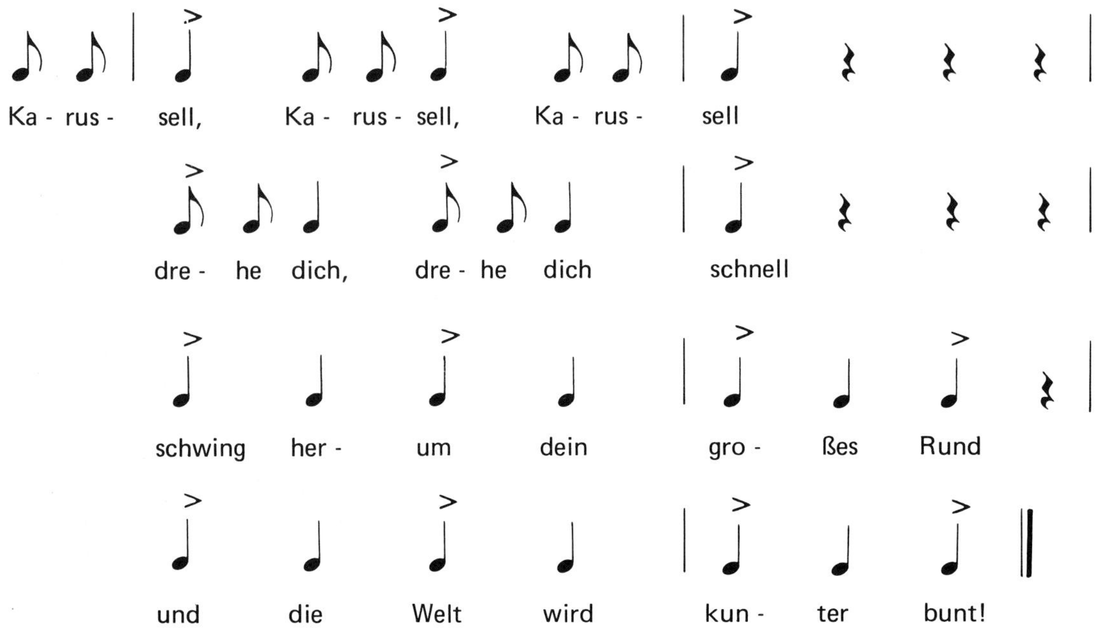

2.
Karussell, Karussell, Karussell,
drehe dich, drehe dich schnell.
Rundherum der Kreisel rennt
s' gibt kein Anfang und kein End'.

3.
Karussell, Karussell, Karussell,
drehe dich, drehe dich schnell.
Himmel, Häuser, Leut' und Kind,
alles flitzt vorbei geschwind.

4.
Karussell, Karussell, Karussell,
drehe dich nicht so schnell!
Will mit Kopf und Fuß' und Bein'
wieder auf dem Boden sein!

Um musikalisches Verhalten zu fördern und zu bilden, soll man nicht statisch, sondern dynamisch vorgehen. Die motorische Komponente hat deshalb bei Kindern immer Vorrang. Sie kann sich vom Sprachrhythmus auf eine gemalte Bewegung übertragen. Von der Vorstellungshilfe ,,Karussell'' ausgehend wird die Kreisbewegung zum sichtbaren Ausdruck einer Spielbewegung, die auf Schlag- und Tasteninstrumente übertragen werden kann.

Spielanregung:

Erzieher und Kinder sprechen den Vers und malen gleichzeitig ,,Karussell''-Kreise. Betonung und Tempo des Sprechens bestimmen die Karussellbewegung beider Hände. Jede Strophe kann mit anderen Farben begonnen werden. Diese spielerisch geübte Bewegung soll Lockerheit und großzügige Dynamik fördern: Beim Spiel mit den Instrumenten wird diese Bewegung als Spieltechnik bewußt angewandt. Im experimentierenden Spiel erfinden die Kinder eigene Klänge: Zu den Strophen, zu einzelnen Zeilen oder zu Worten des Karussellverses.

Die Kinder sollen darauf aufmerksam gemacht werden, daß die Lautstärke des Instrumentalspiels zugunsten der Textverständlichkeit zurückstehen soll. Sprache und Spiel wirken dadurch konzentrierter.

Klang ist Schwingung

Experimentieren, erkennen, spüren

Tafel, Malkreide, Bänder, Nylonschnur, Gummiband, Instrumente

Der Erzieher unterhält sich mit den Kindern über die Entstehung des Klanges. Um die Schwingungen bei der Klangerzeugung zu verdeutlichen, versuchen die Kinder diesen Vorgang zunächst am eigenen Körper zu ertasten.

Spielanregung:

Die Kinder legen ihre Fingerspitzen an den Hals und berühren den ,,Adamsapfel". Wenn sie dabei nacheinander abwechselnd hohe und tiefe Töne singen, spüren sie, wie der Klang schwingt und wie der ,,Adamsapfel" sich auf und ab bewegt.
Die Kinder experimentieren auch mit Bändern aus Seide, mit Nylon- und Baumwollschnur und mit Gummiband.
Die Kinder spannen die Bänder und bringen diese durch Zupfen oder Reißen in Schwingung, so daß ein Klang entsteht. Durch eigene Anschauung und Erfahrung wird den Kindern bewußt, daß die Bänder in einer bestimmten Spannung gehalten und angespielt werden müssen, wenn ein Klang entstehen soll. Diese Erfahrung wird auf den Umgang mit Saiteninstrumenten übertragen. Die Kinder bringen durch Zupfen, Reißen oder Streichen mit einem Bogen die Saiten von Gitarren, Violinen, Celli zum Klingen. Es ist deutlich zu sehen, wie die Saiten schwingen. Wenn man sie leicht berührt, kann man die Schwingungen spüren.
Die Kinder erkennen: Klang ist Schwingung. Die Tonhöhe hängt von der Länge, Stärke und Spannung der Saite ab.

Die Kinder haben sichtbar vor Augen:
Dicke Saite – tiefer Ton,
dünne Saite – hoher Ton.
Die unterschiedliche Klangqualität hängt vom Material und vom Resonanzkörper des Instruments ab. Auch diese Zusammenhänge lernen die Kinder durch Spielerfahrung kennen und versuchen, diese beim Basteln von Instrumenten anzuwenden.

Klicker, klacker
Klopf- und Fingerspiel

Ein Säckchen mit Walnüssen, Klanghölzer, Bausteine, Kieselsteine, Schlägel

– Klicker, klacker, klicker, klacker,
– knacke Nüsse, knacke wacker,
– klacker, klicker, klacker, klicker,
– meine Schalen sind noch dicker.
– Klicker, klacker, kluckurus,
– springt heraus die schöne Nuß!

Spielanregung:

Der Erzieher hat ein kleines Säckchen mit Walnüssen. Er rüttelt und schüttelt und dreht und wendet den Sack schnell und langsam, um die verschiedensten Geräusche und Klänge entstehen zu lassen. Die Kinder erraten den Inhalt und greifen am verschlossenen Sack die einzelnen Nüsse. Sie bewegen den Sack hin und her und versuchen, die entstehenden Geräusche zu beschreiben und zu notieren.

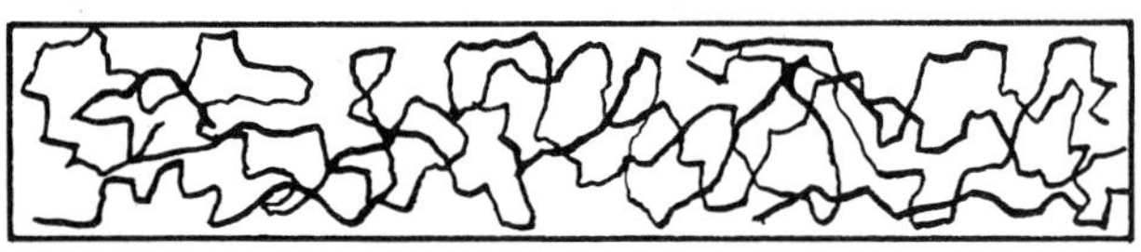

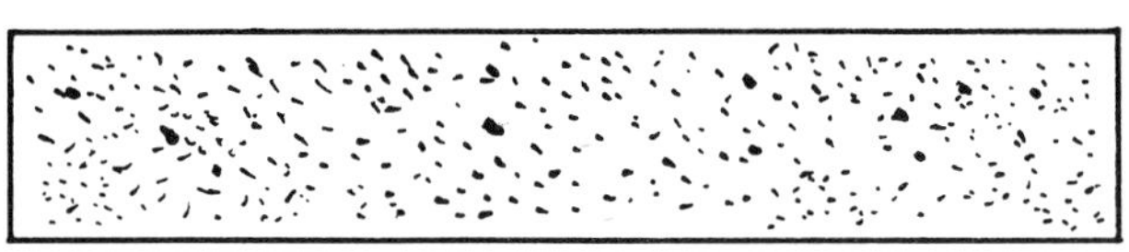

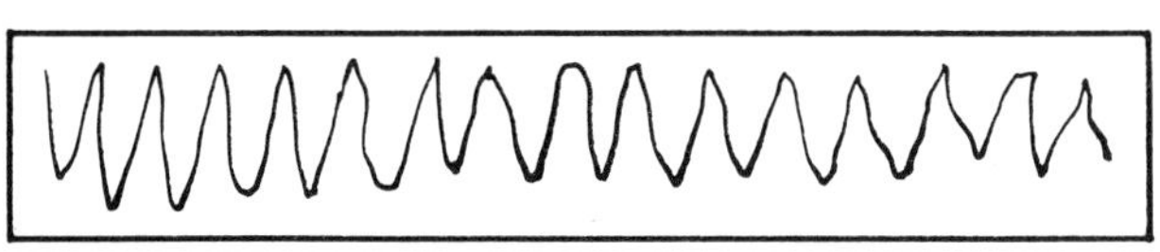

Jedes Kind bekommt zwei Walnüsse und klopft sie gegeneinander, auf den Tisch, auf den Fußboden, auf andere Gegenstände. Es entstehen helle und dunkle Klänge: Klick – klack! Aus diesem Klopfspiel wird schrittweise der Sprechvers erarbeitet. Die Kinder klopfen im Sprachrhythmus mit.

Variante 1:

Das Klopf- und Sprachspiel kann auch mit Schlägeln, Klanghölzern, Bausteinen oder Kieselsteinen dargestellt werden. Durch unterschiedliche Größe und Beschaffenheit der Materialien entsteht eine Vielfalt von Klängen. Diese motivieren zum fortwährenden Wiederholen.

Variante 2:

Der Vers wird auf der Tischplatte als Fingerspiel ausgeführt:

– mit dem Zeigefinger der linken und rechten Hand tippen
– mit den Fingerknöcheln klopfen
– mit allen Fingern tippen
– mit den Fäusten auf den Tisch pochen
– Daumen und kleiner Finger tippen wechselseitig
– die zur Faust geschlossenen Finger schnellen hervor („springt heraus die schöne Nuß!")

Die Kinder erfinden weitere Varianten des Fingerspiels. Die zunehmende Fingerfertigkeit wirkt sich auch positiv auf die Aussprache der Kinder aus. Die Konsonanten werden präzise artikuliert. Wichtig dabei ist, daß der Erzieher selbst sich um vorbildliche Aussprache bemüht.

Zungenschleifer
Beobachten, üben, erfinden

Viele Sprechfehler kleiner Kinder resultieren daraus, daß die Kinder undifferenziert hören und nicht sehr genau beobachten. Sprechübungen dienen der Verbesserung der Aussprache und Artikulation. Die Sprecherziehung macht Kindern Spaß, wenn sie sich bei Fehlern nicht bloßgestellt fühlen. Deshalb sollen die Übungen zuerst in der Gruppe, dann einzeln probiert werden. Der Erzieher beobachtet die Kinder und verbessert Fehler sofort, indem er richtig wiederholt. Positive Kritik ermutigt die Kinder. Die Kinder lernen durch Beobachten und Nachahmen: Der Erzieher zeigt die richtige Lippen- und Zungenstellung. Genaues Vorsprechen ist hilfreicher als viele Erklärungen.

Übungsbeispiele:

s Sieben Sängerlein singen sehr sicher . . .
sch Der Schuster schiebt die schwarzen Schuhe in den Schuhschrank
ch Ach, ach, ach, mein Drachen fliegt aufs Dach . . .
z Zweiundzwanzig Ziegen zuckeln im Zügli nach Zürich . . .
w Wann werden wieder Winde wehen . . .
f Flink, flink Feuerstein, mache mir ein Feuerlein . . .
t Tausend tolle Tänzer tanzen Tango . . .
k Kleine Kinder können keine Kirschkerne knacken . . .
r Riesige Räder rollen und rumpeln . . .

Es macht Kindern Freude, selbst Beispiele zu finden.

Klangexperimente malen
Gemeinsames Erarbeiten einer ,,Partitur"

Verschiedene Instrumente, Tapetenrolle, Malkreiden

Experimentieren mit konventionellen und selbstgefertigten Instrumenten macht Kinder locker und sensibilisiert das Gehör. Die Bildung einer Vorstellung von Musik wird durch Notation erleichtert, da die Musik auch später abrufbar und nachvollziehbar ist.

Spielanregung:

Die Kinder malen auf eine Tapetenrolle eine einfache ,,Partitur", die ihrer Vorstellung von Musik entspricht. Wichtig ist, daß möglichst unterschiedliche Ideen aufgegriffen und verarbeitet werden. Das erhöht die Freude der Kinder. Sie erkennen ihren Beitrag, der ein kleines Stück der Gesamtkonzeption ist. Bevor die ,,Partitur" entsteht, sollten sich Erzieher und Kinder auf einfache Notationsmöglichkeiten einigen. Klangdauer, Klangverlauf, Dynamik, Tempo und Rhythmus einer Musik können auf diese Weise von den Kindern gut erfaßt werden.

Tonleiterspiele

Begriffsbildung durch Sinnesschulung

Stabspiele, Malstifte,
Rhythmusinstrumente und verschiedene
Materialien, Cassette

Die Töne einer Melodie stehen untereinander in einer bestimmten Beziehung. Daraus ergibt sich eine wesentliche Grundlage für das musikalische Hören.
Bei Kindern wird Musikalität oft danach beurteilt, ob sie eine Tonleiter oder ein Lied richtig nachsingen können. Frühes Umgehen mit Musik soll jedoch nicht allein auf nachahmendes Singen beschränkt sein. Musikalität kann man auch durch rhythmische Erziehung und instrumentale Aktivitäten fördern, weil diese sich im Zusammenwirken mit Singen am besten mit Erlebnisinhalten verknüpfen lassen. Immer wieder stellt man fest: Sobald Kinder mit einem Tasteninstrument oder einem Stabspiel Bekanntschaft machen, versuchen sie ohne Aufforderung, das System der optischen Anordnung von Tonstufen spielend zu erobern.
Dadurch entsteht meist eine Tonleiter, eine stufenweise Folge von Tönen. Diese scheinbare Mechanik eines Systems „verführt" zum Üben!

Spielanregung:

Wie beim Bau eines Turmes entwickeln Kinder beim Üben einer Tonleiter große Ausdauer. Die Anschaulichkeit der Tonleiter und die gleichzeitige Schulung des Gehörs kann man in vielen Varianten üben: Den Verlauf einer Tonleiter während des Singens mit dem Körper oder mit der Hand nachvollziehen, das Sichtbarmachen von „aufwärts" und „abwärts" mit Malstiften zeichnen oder mit Materialien legen (Pappscheiben, Bausteinen, Knöpfen, Papierstreifen . . .).

Wenn die Stabspiele zur Musik (Cassette) mitgespielt werden, ist eine gewisse Spielfertigkeit erforderlich. Die Kinder achten auf leichten Anschlag.

Beim spielerisch rhythmischen Teil improvisiert man mit den Schlägeln oder mit Rhythmusinstrumenten. Das Wochentaglied „Sonntag, Montag" bildet den Schluß der Tonleiterspiele.

Stimmspiele

Unsere Stimme als Instrument

Flöte, Papier, Malkreiden

Die Stimme ist für Kinder das elementarste Instrument. Experimente mit der Stimme sind oft die erste spielerische Begegnung mit musikalischen Elementen. Das Bewußtmachen der Tonerzeugung kann sehr anschaulich geschehen:
Der Erzieher spielt auf der Flöte und erklärt den Kindern, daß beim Spielen die Luft im Flötenkörper durch das Anblasen in Schwingung gerät und so der Ton erzeugt wird. Ähnlich entsteht der Klang der menschlichen Stimme: Luft bringt im Kehlkopf die Stimmbänder zum Schwingen, die Stimmbänder erzeugen den Ton. Die Tonhöhe hängt von der Länge und Stärke der Stimmbänder ab.

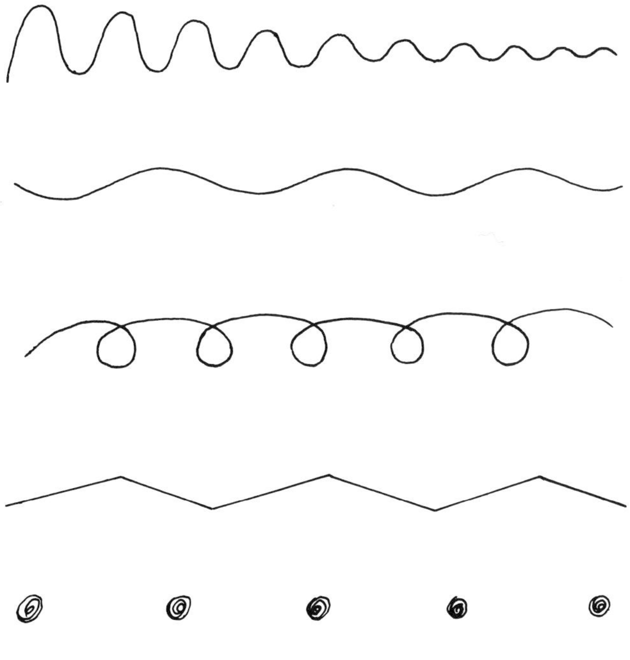

Spielanregung:

Die Stimme ist ein sehr vielseitiges Instrument. Die Kinder können damit ganz unterschiedliche Klänge und Geräusche erzeugen und imitieren. Dabei werden sowohl Stimmfunktionen als auch Klang- und Empfindungslaute miteinbezogen. Mit der Stimme kann man singen, sprechen, rufen, schreien, flüstern, heulen, wispern, lachen, weinen, kichern, wimmern, husten, hecheln . . .
Körpergesten begleiten die Klanggesten, daraus können verschiedene Notationsmöglichkeiten entstehen. Die Symbole sollen einfach sein, damit sie schnell gelesen werden können.
Variante:
Bei der folgenden Übung wird die Stimme bewußt mit Atemstütze eingesetzt. Es kann sowohl mit Vokalen als auch mit Konsonanten geübt werden.
Das erste Kind legt sich auf den Rücken. Das zweite legt seinen Kopf auf den Bauch (Zwerchfell) des ersten Kindes . . ., bis alle Kinder auf dem Boden liegen. Das erste Kind beginnt, einen Ton zu singen, das zweite – und die weiteren – übernehmen den Ton, so daß ein wandernder Klang entsteht. Wenn alle Kinder liegen, kann durch gemeinsames Singen ein „klingender Teppich" entstehen. Die Kinder spüren dabei die Atmung des anderen und erfahren den Zusammenhang zwischen Atemvolumen und Stimmvolumen.

Zusammenklang

Im Zusammenklang von konkreter Situation, Improvisation und spielerischer Gestaltung lernt das Kind sich selbst und seine Umwelt kennen.
Seine Empfindungs- und Erlebniswelt wird auf diese Weise sinnvoll erweitert. Musikalische Spiele und Geschichten, Pantomimen und Tänze fördern Vorstellungskraft und Einfühlung. Sie führen zum fantasievollen Umgang und Zusammenklang von Körper, Stimme und Instrument. Elementare Äußerungen, Spiel und Übung verschmelzen zur natürlichen Einheit. Der Klangraum wird zum Erlebnisraum, wenn Kinder durch eigenes Gestalten auch Wirkungen auf ihre Umwelt, vor allem das Echo der Familie spüren. Durch Wiederholung werden Spiel- und Fabulierlust angeregt, die Kinder werden zum Experimentieren nach eigenen Vorstellungen ermuntert.

Adventskalender
Ruhe und Bewegung

Papier, Malstifte

Das Lied vom ,,Adventskalender" ist zweiteilig. Ein ruhiger Beginn wechselt in den betont rhythmisch gesungenen ,,Adventskalender"-Refrain über. Bereits beim Erlernen von Text und Melodie kann der Tanz durch Bewegung vorbereitet werden.
Die Hände tippen mit einer weichen Bewegung in die Luft und imitieren dann mit erhobenen Armen die fallenden Schneeflocken. Die Freude auf den Winter kann man mit langsam sich ausbreitenden Armen symbolisieren. Beim Refrain lassen die Kinder die Finger einer Hand auf dem Handrücken der anderen Hand oder auf der Tischplatte ,,tanzen". Ähnliche – auf den Text bezogene – Bewegungssymbole für die 2. Strophe sollen Ruhe ausstrahlen.
Spielanregung:
Die Kinder schreiten im Raum, zeigen mit Gesten und Gebärden ,,Schneeflocken", ,,Freude", ,,kalte Finger", ,,Adventstür" und ,,stampfenden Nikolaus". Beim Refrain haken sie den nächststehenden Partner unter und tanzen rundherum.
Variante:
Die Kinder betrachten verschiedene Adventskalender. Sie sehen, daß hinter den Türen etwas ,,versteckt" ist, z. B. ein Ball, ein Tannenbaum, ein Nikolaus, ein Schlitten, eine Puppe, ein Spielzeugauto . . . Die Kinder bekommen ein großes Zeichenblatt, um selbst einen Adventskalender herzustellen. Das Zeichenblatt wird gefaltet. Auf der Innenseite entsteht ein Bild, die Außenseite wird als Tür umgeklappt, damit keiner weiß, was hinter der Tür versteckt ist. Der Erzieher heftet alle Adventstüren an die Wand. Es entsteht ein großer Adventskalender.
Wenn eine Adventstür geöffnet wird, sprechen die Kinder über das Bild und versuchen, das Gemalte pantomimisch darzustellen.
Bei diesem Spiel werden Konzentration, Situationsverständnis, kreative Spiel- und Fabulierlust angeregt.

Die drei Triangeln

Hörübungen und Spieltechniken

Verschieden große Triangeln, Bleistifte, Holzstäbchen, Schlägel und Stricknadeln

Die Kinder betrachten, befühlen und spielen drei verschieden große Triangeln. Sie stellen fest, daß die Triangeln sich nicht nur im Aussehen und Gewicht, sondern auch in der Tonhöhe unterscheiden. Die Kinder merken, daß der Ton eines angeschlagenen Triangels lange hörbar ist. Man kann die Tondauer verkürzen, indem man den Ton abdämpft.

Die Kinder versuchen, die Klangfarbe eines Triangeltones zu verändern, indem sie den Triangel mit verschiedenen Materialien anschlagen: Mit einem Bleistift, einem dünnen Holzstäbchen, einem Schlägelstiel oder einer Stricknadel aus Metall oder Kunststoff.

Eine weitere Spieltechnik ist das „Tremolieren": Der Triangelschlägel wird innerhalb des Triangels sehr schnell hin- und herbewegt. Die Schwingungen des Klangs kann man auch spürbar machen: Berührt man einen angeschlagenen Triangel mit der Zunge, „kitzelt" der Ton auf der Zunge.

Variante:

Wenn die Kinder im freien Spiel die unterschiedlichen Tonhöhen, Klangfarben und Spieltechniken festgestellt haben, probieren sie, sich bei einem Spielstück mit ihren Triangeln rhythmisch einzugliedern. Je nach Hörempfinden spielen sie mit ihren hoch-, mittel- und tiefklingenden Triangeln mit.

Laut – Leise – Spiel

Kontraste mit Stimme und Instrument

Elementare Instrumente, Cassette

Gehörübungen sind immer auch Konzentrationsübungen. Sie machen elementare musikalische Vorgänge bewußt. Auch kleine Kinder können den Klangkontrast laut-leise sofort nachvollziehen.
Zu lauter Musik klatschen die Kinder laut in die Hände und stampfen auf den Boden; bei leiser Musik schlagen sie die Finger gegeneinander und gehen auf Zehenspitzen. So entwickelt sich mit Hilfe der Körperbewegung ganz natürlich das Gefühl für die Lautstärkenabstufung.

Bildhafte Vorstellungshilfen wie
Riese – laut
Zwerg – leise
sind sehr beliebt und werden in immer neuen Spielvarianten erprobt. Die Stimme begleitet das Spiel:
Riese – schreien
Zwerg – flüstern.

Spielanregung:
Zwei Gruppen werden gebildet; zu lauter Musik bewegen sich die „Riesen", zu leiser Musik die „Zwerge".
Das Beispiel „Musik-Mosaik" (Cassette) ist ebenfalls zur Spielanregung geeignet.
Der Klangkontrast wird auch in Echospielen verdeutlicht:
Die erste Gruppe spielt laut (auf elementaren Instrumenten), die zweite Gruppe antwortet leise.

Variante:
Jede Gruppe hat die gleichen Instrumente zur Verfügung, etwa Glockenspiel, Triangel, Handtrommel, Klanghölzer, Schellenkranz und Becken. Beide Gruppen agieren voneinander abgewandt. In der ersten Gruppe wird ein Instrument laut angespielt, in der zweiten Gruppe antwortet das entsprechende Instrument leise.

Musik-Mosaik

Hören, erkennen, mitspielen

Cassette, Rhythmusinstrumente

Was ein Mosaik ist, wissen Kinder aus vielen Spielerfahrungen: Beim Spielen mit Bausteinen oder Glasperlen, mit Ton oder Papier müssen kleine Einheiten miteinander in Beziehung gebracht werden, um daraus ein Ganzes zu formen. Jedes Puzzle-Spiel ist gleichzeitig auch ein Mosaik-Spiel, bei dem Formauffassung und Geschicklichkeit geschult werden.
Im Musik-Mosaik werden verschiedenste Instrumente vorgestellt; man kann hören, ob sie durch Schlagen, Zupfen, Streichen oder Blasen zum Klingen gebracht wurden. Man kann sie nach Klangfarben unterscheiden, den Rhythmus mitspielen oder die Melodie mitsingen.
Klänge und Strukturen treten zueinander in Beziehung und erklingen schließlich als Ganzes.

Spielanregung:
Beim Musik-Mosaik kann man verschiedene Spielregeln zum Mitmachen aufstellen. Zunächst ist es wichtig, die Musik und die darin vorgestellten Instrumente kennenzulernen. Dann sollen die Kinder entscheiden, ob sie mit Körper- oder Rhythmusinstrumenten begleiten, ob sie bei einem Bewegungsspiel mit Materialien (wie Tücher, Steine, Bälle . . .) das „Schwere" und „Leichte", das „Hoch" und „Tief", das „Laut" und „Leise" mitvollziehen, oder im Gruppen- und Solospiel den Zusammenklang der Instrumente bewegungsmäßig darstellen wollen.
Es empfiehlt sich, die Einfälle der Kinder zu gliedern, damit die Mit-Mach-Aktionen keine Unruhe hervorrufen.

Der Wind

Vom Klang zur Bewegung, vom Wort zur Darstellung

Elementare Instrumente, Tücher

Die Kinder versuchen im freien Spiel, Windgeräusche mit der Stimme und auf Instrumenten nachzuahmen.
Sie flüstern, wispern, säuseln, blasen, pusten, pfeifen, heulen . . .
Sie reiben, kratzen, wischen, klopfen und patschen auf Handtrommeln . . .
Sie schütteln Rasseln und Schellenbänder . . .

Spielanregung:
Was die Kinder hören, setzen sie unmittelbar in Bewegung um.
Schwacher Wind – schwache Bewegung,
stärker werdender Wind – Bewegungscrescendo,
starker Wind – starke Bewegung.

Zur Darstellung des folgenden Textes dient zunächst allein der Körper. Später sollen Tücher und Instrumente die Wirkung des Windes verdeutlichen. Eine Klanggeschichte illustriert Sprache und Bewegung.

Die Kinder beteiligen sich mit eigenen Einfällen.

Das Windrad

Mein Windrad bläst der Wind,

schschsch . . .

nur ein Wehen ist noch zu sehen,

wwwww . . .

so geschwind muß es sich drehen,

rrrrr . . .

verschwunden ist der bunte Stern.

fjt . . .

Windrädchen
bläst der Wind fürs Leben gern.

schwwrr . . .

Der Wind,
dieser lustige Mann,
bis vom Atlantik rennt er daher,
daß er mein Windrad blasen kann.

schschwwwwrrr . . .

Tanz der Bären

Hören und darstellen

Cassette

Beim Tanz der Bären hören die Kinder aus der Musik große und kleine Trommeln und Pauken heraus. Viele Kinder lieben diese Fellinstrumente besonders. Klang und Rhythmus reizen zum Trotten und Traben, zum Stampfen und Tanzen. Es gibt große Brummbären und kleine, behende Raufbolde.

Viele Tiere
Bewegung und Stimmbildung

Spielzeugtiere, Cassette, Materialien
zum Verkleiden

1.–7. Al - le mei - ne klei - nen fei - nen Tier - lein will ich zei - gen,

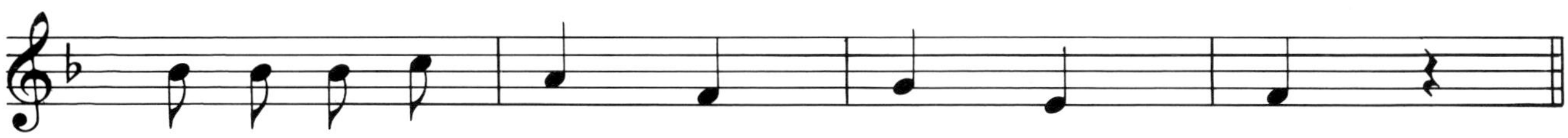

heu - te stel - len sie sich al - le vor.

Da tanzt der Ted - dy - bär, ach der lie - be,
" " das Kätz - lein mein, ach das lie - be,
" " das Mäus - lein noch, ach das lie - be,
" " die bun - te Kuh, ach die lie - be,
" " das Zieg - lein keck, ach das lie - be,
" " der schwar - ze Hund, ach der lie - be,
Tan - zet und ru - fet laut, ach ihr Lie - ben,

da tanzt der Ted - dy - bär und brummt so sehr:
" " das Kätz - lein mein und schnurrt so fein:
" " das Mäus - lein noch und schlüpft ins Loch:
" " die bun - te Kuh, gibt kei - ne Ruh:
" " das Zieg - lein keck, kriegt ei - nen Schreck:
" " der schwar - ze Hund, be - grüßt die Rund:
tan - zet und ru - fet laut, kommt her und schaut:

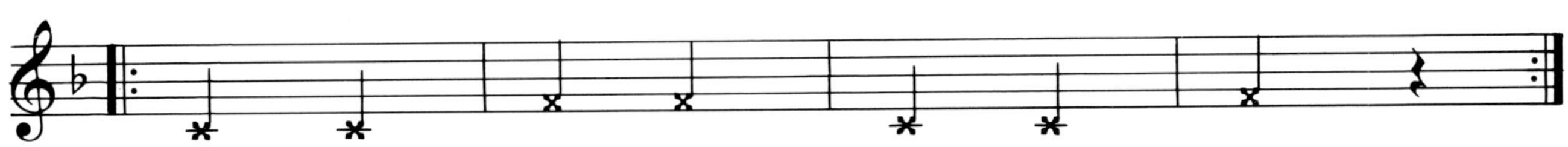

Brumm, brumm, brumm, brumm, brumm, brumm, brumm.
Miau, miau, miau, miau, miau, miau, miau.
Piep, piep, piep, piep, piep, piep, piep.
Muh, muh, muh, muh, muh, muh, muh.
Meck, meck, meck, meck, meck, meck, meck.
Wau, wau, wau, wau, wau, wau, wau.

(alle „Tiere" rufen und tanzen durcheinander).

Spielanregung:
Die Kinder bringen Spielzeugtiere, stellen oder legen sie in die Kreismitte und gehen singend im Kreis um die Tiere herum. Der Kreis soll ein ,,Tiergehege'' darstellen. Wenn die einzelnen Tiere aufgerufen werden, z. B. ,,da tanzt der Teddybär'', tanzen einzelne Kinder in den Kreis. Sie nehmen die entsprechenden Tiere vom Boden und halten sie hoch in die Luft. Beim Imitieren der Tierlaute schlüpfen sie unter dem ,,Zaun'' des ,,Tiergeheges'' hindurch. Sie legen ihre Tiere an eine bestimmte Stelle im Raum und kehren zum Kreis zurück. Bei der letzten Strophe tanzen alle Kinder mit ihren Tieren im Raum herum. Die Kinder finden selbst eine Spielregel für das Ende von Lied und Tanz. Die Stimmspiele sollen recht locker, lustig und ungehemmt erklingen.
Wird nach der Musik der Cassette getanzt und gesungen, bilden die Kinder eine Reihe oder einen Halbkreis. Alle Kinder sind als Tiere verkleidet. Die im Lied genannten ,,Tiere'' tanzen aus der Reihe und am Schluß der Strophe wieder zurück. Alle übrigen Kinder bewegen sich singend zur Musik.

Variante 1:
Wenn nicht genügend Stoff- und Plüschtiere vorhanden sind, sollen die Kinder aus Stoff- und Lederresten, Papier und anderen Materialien Tiere herstellen.
Um Vorstellungskraft und Begriffsbildung zu fördern, spricht man dabei über das charakteristische Aussehen der Tiere und ihre Funktion in der Umwelt.

Variante 2:
Die Kinder sind selbst die ,,Tiere'', sie ahmen nicht nur die Tierstimmen nach, sondern auch die entsprechenden Tierbewegungen.

Krixel-kraxel-Spur

Deutliches Sprechen und Singen

Beim Lied von den Spatzen, die ihre Krallenspuren in den Sand „schreiben“, sollen die gesungenen Töne kurz – wie gestoßen – klingen. Der konsonantenreiche Text verlangt deutliches Sprechen, dadurch kommt auch das Witzige gut zur Geltung. Um den Witz noch zu pointieren, schnalzt man bei den Viertelpausen mit der Zunge und zeigt gleichzeitig mit dem Finger auf einen Zuhörer (oder Mitsingenden).

Variante:
Wir unterhalten uns über Vogelspuren. Die zierlichen Tritte zeichnen eine Bilderschrift (Hieroglyphen), die man deuten kann.

Für Kinder – und Erwachsene – hat das Thema ,,Spuren" immer etwas Geheimnisvolles. Aus ,,Spuren" kann man lesen, man kann ,,Spuren" verfolgen. ,,Spuren" verraten etwas über den, der sie verursacht. Die Kinder sehen, wie ihre nassen Füße auf trockenem Stein Spuren hinterlassen, wie ein ins ruhige Wasser geworfener Stein Spuren verursacht, wie interessant eine Schnitzeljagd ist, bei der man mit Papierschnitzeln eine ,,Spur" auslegt.

Bei dem Gespräch wird den Kindern bewußt, daß alles Lebendige Spuren hinterläßt oder ,,auf der Spur" ist. Unsere Sinne sind so fein organisiert, daß sie vielfältige ,,Spuren" erkennen: Man kann durch Gerüche etwas aufspüren, man kann beim Nachdenken über eine Aufgabe der Lösung ,,auf die Spur" kommen, man kann mit dem Finger das Schwingen einer Saite ,,spüren".

Die Kinder stellen fest, daß auch im Umgang mit Musik das Erkennen von ,,Spuren" wichtig ist. Bei der Notation von Musik kann man diese sehen, durch bewußtes Hören kann man sie erkennen, durch eigenes Musizieren selbst eine ,,Spur" ausbreiten.

Schmetterling

Bewegung und Ruhe, Farbe und Form

Tücher, Malkreiden oder Wasserfarben, Papier, Cassette

Aus der umsponnenen Raupe schlüpft der Schmetterling. Für Kinder ist diese Verwandlung eines der Naturwunder, die es noch vielfältig in unserer Umwelt gibt. Man muß nur Augen und Ohren offenhalten. Immer wieder sieht man, wie kleine Kinder die Natur, Tiere und Pflanzen beobachten und daraus lernen. Schmetterlinge mit samtenen Flügeln in vielerlei Farben und Mustern sind besonders schön. Die einfache Form und ihr oft fantasievolles Kleid wird von Kindern gerne gemalt. Der Schmetterling ruht sich sanft aus, um immer wieder neuen Zielen zuzufliegen.

Spielanregung:

Die Kinder sollen Schmetterlinge beobachten, malen und bewegungsmäßig darstellen. Im Spiel nach Musik sollen sie Bewegung und Ruhepunkte nachempfinden.

Vogelschwarm

Gruppenspiel – Raumimprovisation

Melodie- oder Tasteninstrument, Triangel Cassette

Die Kinder bilden im Raum eine geschlossene Gruppe (Vorstellungshilfe: Vogelschwarm). Den Bewegungsimpuls gibt das Instrument (Klavier, Violine, Flöte), die Gruppenbewegung wird der Musik angepaßt: langsamer werden, schneller werden, stehen bleiben.

Diese Übung fördert nicht nur das Bewegungsverhalten des einzelnen Kindes, sondern auch die konzentrierte Bewegung innerhalb einer Gruppe.

Noch mehr Aufmerksamkeit erfordert das Spiel, wenn auf ein verabredetes akustisches Signal (Triangel) die Gruppe zwei- oder dreigeteilt wird.

Das Bewegungsverhalten der Gruppen orientiert sich nun nicht allein an der Musik, sondern auch am Raum und an dem Verhalten der ,,Anderen". Dieses spielerisch geübte Sozialverhalten stärkt den Gemeinschaftssinn und das Musikerleben der Kinder.

Das Bewegungsbeispiel ,,Vogelschwarm" kann auch zur Musik (Cassette) ,,Schmetterling" zugeordnet werden. Die Kinder finden selbst Beispiele, wie man als Vogel ,,Ruhe" und ,,Bewegung" ausdrücken kann.

Die Raupe

Darstellung durch Bewegung und Klang

Handtrommel, Holzblocktrommel, Becken und Glockenspiel

Wie ist dir zumute, sag,
die du eine Raupe bist
und den lieben langen Tag
Löcher in die Blätter frißt?
(Raupe: Fingerkrabbeln
auf dem Trommelrand
Löcher: kurze Schläge)

Geht's dir nicht im Kopfe um:
So ein Dasein ist doch dumm,
immer essen, nichts als essen,
und sonst keine Interessen!
(Schläge auf das Fell
mit Filzschlägel)

Das Gemüse schmeckt mir noch,
Darum freß ich Loch um Loch.
(2 Schläge auf die
Holzblocktrommel)

Aber einmal, glaub mir das,
stehst du da und rufst du: ,,Was,
dieses dicke Nudelding
(lauter Schlag)

schwebt jetzt als Schmetterling!"
(Glissando)

Spielanregung:

Eine Instrumentengruppe und eine Bewegungsgruppe ergänzen einander. Der Erzieher kann die Impulse für Spiel und Bewegung geben, die Kinder sollen aber Klang und Bewegung auch selbst erfinden.

Die sprechenden Steine

Klang und Rhythmus

Steine in verschiedener Größe

Kinder sammeln verschiedene Steine, betrachten Farbe und Gestalt, befühlen die Oberfläche und schlagen sie gegeneinander. Sie stellen fest, daß die Steine klingen – hell, dunkel, laut und leise. Steine können ,,sprechen"!
Ein Kind ,,erzählt" mit seinen Steinen – durch Klopfen, Reiben, Schlagen, Schleifen – einem anderen Kind etwas. Alle Kinder horchen und überlegen, ob sie etwas Nettes, Lustiges, Ärgerliches, Freundliches aus dem Gespräch herausgehört haben.
Bei einem Rundumgespräch werden alle Kinder beteiligt. Es entsteht eine spannungsgeladene Stille, in der man nur noch die ,,sprechenden" Steine hört und die Mimik der Kinder beobachtet.
Dieses Klang- und Mienenspiel kann ergänzt werden durch ein weiteres Spiel, das außer den klanglichen Reizen auch das Rhythmische der Sprache betont. Die Kinder klopfen und reiben dabei laut und leise auf dem Boden.

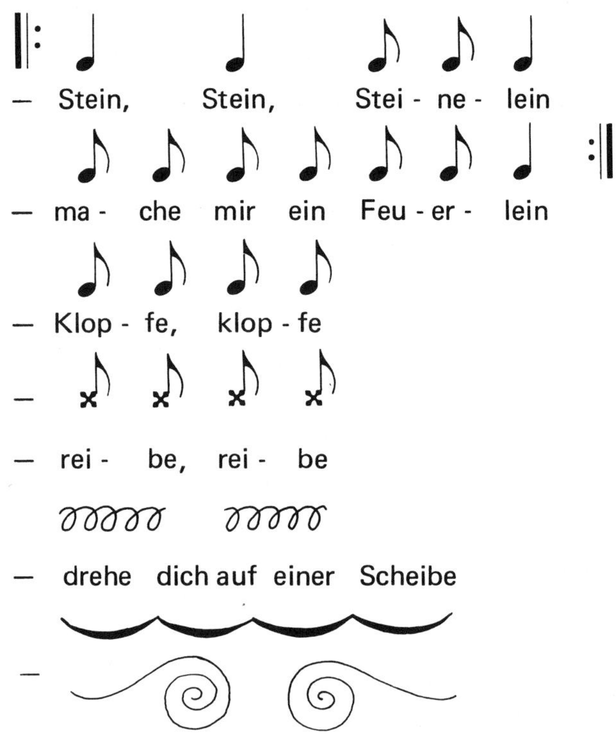

Schweben
Klangimprovisation

Tücher, elementare Instrumente, Cassette

Kinder sind beim Spiel mit Seifenblasen immer wieder fasziniert. Große Seifenblasen entstehen, wenn man leicht bläst und den Atem sicher und gleichmäßig führt. Die schwebenden Gebilde schimmern in allen Farben und gleiten langsam in die Luft.
Wenn der Erzieher den Vers vorträgt, sollen die Kinder erraten, was mit dem ,,kleinen, runden Glashaus" gemeint ist.

Spielanregung:
Die Kinder blasen bunte Tücher in die Luft, lassen sie von einer Hand in die andere schwingen und lernen dabei den Sprechvers. Das ,,Schwebende" kann durch die leichten Tücher gut dargestellt werden.
Die Kinder versuchen, ,,schwebende" Klänge zum Sprechvers zu finden.

Beispiele:
- mit Besen auf Gong oder Becken wischen
- mit Fingernägeln auf Stabspielen schnell tippen oder mit weichen Filzschlägeln hin- und hergleiten
- Triangeln zart anschlagen oder ,,tremolo" spielen . . .

Diese Übungen dienen zur Anregung für eine Klangimprovisation ,,Schweben". Die musikalischen Beiträge der Kinder sollen nicht in ein rhythmisches oder melodisches Schema gepreßt werden. Die Kinder sollen vielmehr ihre eigene Vorstellung von ,,Schweben" verwirklichen.
Es empfiehlt sich, Improvisationen der Kinder auf Cassette aufzunehmen. Das bewußte Hören einer eigenen Produktion bedeutet immer intensives Nacherleben.
Dieses sensible Musikhören führt vom bloßen Wahrnehmen und Hingegebensein an den Klang weiter zum aktiven Hören.

Variante:
Die Kinder hören die Musik ,,Schweben" und setzen die Musik in Bewegung um. Bei genügend Einfühlsamkeit können sich die Kinder im Partner- und Gruppenspiel zusammenfinden.
Statt Tüchern können Kreppbänder oder andere Materialien verwendet werden.

Spielplatz und Straße
Optische und akustische Bewegungen erkennen, notieren und musizieren

Elementare Instrumente, Malstifte und Materialien für Geräusche und Klänge

Im Leben kleiner Kinder gibt es verschiedene Erlebnis-, Lern- und Spielfelder: Die Familie, das gemeinsame Spielen und Lernen im Kindergarten, auf dem Spielplatz, auf der Straße.
Hier sammelt es Erfahrung, lernt Handlungsweisen und Verhaltensweisen kennen, deren Grundstrukturen im Spiel bewußt gemacht und vertieft werden können.
Spielplatz und Straße machen beide neugierig. Hier erleben Kinder Situationen, die sich dauernd verändern. Körperbeherrschung, Reaktionsvermögen und Aufmerksamkeit werden durch Neugierde gefordert und zugleich gefördert. Die Sinne der Kinder sind vielfältigen Reizen ausgesetzt, einer Reizüberflutung sollen Eltern und Erzieher jedoch entgegenwirken.

Spielanregung:

Die Kinder sprechen über Spielplatz und Straße. Sie stellen verschiedene Situationen dar. Der Erzieher lenkt durch Impulse auf sichtbare Bewegung hin (Karussell, Wippe, Rutschbahn, Kletterbaum, rollende Autos, fahrende Straßenbahnen, der langsam sich bewegende Arm eines Krans . . .).

Diese sichtbaren Bewegungen ahmen die Kinder mit dem Körper nach und notieren sie anschließend.

Diese Notationen dienen dann als ,,Partitur" zum Instrumentalspiel. Durch die charakteristischen Auffälligkeiten der Notationen werden die Kinder zur klanglichen Vielfalt angeregt.

Die hörbare Bewegung (Hupe, Motor, Bremse der Autos, Kindergeschrei, Hundegebell, Lachen, Feuerwehrsignal, Baumaschine, Hubschraubergeknatter, Motorrad . . .) ahmen die Kinder mit der Stimme nach. Sie versuchen, für die akustische Realisation auch geeignete Materialien einzusetzen, z. B. Gummischlauch zum Blasen, Zeitungen, Schlüssel, Bausteine, Dosen . . ., um Klänge und Geräusche zu erzeugen.

Fingertheater

Förderung der Geschicklichkeit

Papier, Malkreide, elementare Instrumente

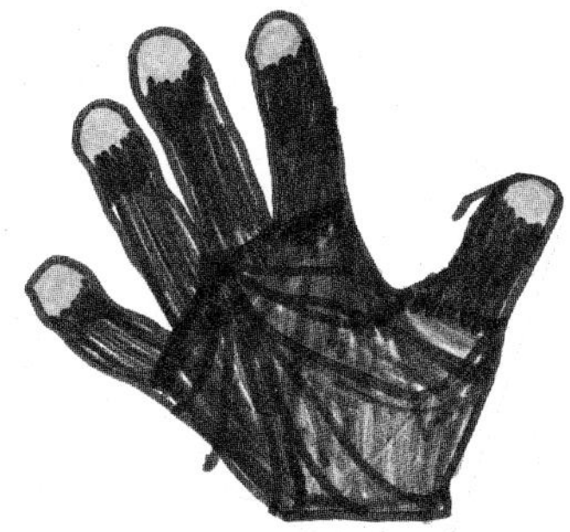

Der Erzieher bastelt mit den Kindern Fingerhüte aus Papier, auf die unterschiedliche Gesichter gemalt werden. Die Fantasie der Kinder wird zu ganz bestimmten Assoziationen angeregt:
Daumen – dicker Mann mit Bart,
Kleiner Finger – Mädchen mit dünnen Zöpfen . . .

Spielanregung:
Die Kinder ziehen die Fingerhüte über die Finger und spielen damit ,,Theater". Der Spielimpuls wird von einer Instrumentalgruppe gegeben (signalartige Einsätze für die einzelnen Finger).

Beispiel:

Daumen	–	Handtrommel
Zeigefinger	–	Klanghölzer
Mittelfinger	–	Triangel
Ringfinger	–	Schellenkranz
Kleiner Finger	–	Fingercymbeln

Die ,,Gespräche" und Spielsituationen können improvisiert oder an bestimmten Themen orientiert werden (z. B. Märchen, Spielplatz, Zirkus . . .).
Wichtig ist der Wechsel zwischen ,,solo" (einzelner Finger) und ,,tutti" (alle Finger gleichzeitig). Das ,,Fingertheater" fördert gezielt die Feinmotorik der Kinder.

Erde, Wasser, Licht und Luft
Hören, bewegen und musizieren

Tücher, Zeitungen und elementare Instrumente

Die Kinder machen bei ihren Spielen im Freien Selbsterfahrungen mit den vier Elementen.
Sie buddeln im Sand, gehen barfuß auf der Erde, betrachten ihre Fußspuren im nassen Sand . . .
Sie werfen Steine ins Wasser, begießen Blumen, bauen einen Staudamm . . .
Sie machen ein Feuer, zünden eine Kerze an, beobachten die Wechselwirkung zwischen Licht und Schatten . . .
Sie halten ein Windrad in die Luft, lassen einen Drachen steigen . . .

Diese sinnliche Erfahrung, der oft Höreindrücke zugrunde liegen, kann die Kinder zu Bewegungsimprovisationen anregen. Beim Gehen knirscht der Sand unter den Füßen: Sie machen große Schritte, kleine Schritte, laute Schritte, leise Schritte . . .
Unterschiedliche Wassergeräusche werden in Stimme und Bewegung nachgeahmt: Das Tröpfeln des Regens, das Rauschen des Wasserfalls, das Gurgeln eines Strudels . . .
Auch das Feuer erzeugt Geräusche: Die Kinder ahmen das Knistern und Prasseln durch Rascheln mit Zeitungen nach . . .
Das Windgeräusch wird mit der Stimme und auf der Handtrommel imitiert. Die Kinder lassen bunte Tücher in der Luft fliegen und flattern. Je kräftiger der ,,Wind'' bläst, desto höher wirbeln die Tücher . . .

Spielanregung:
Die Kinder werden ermuntert, aus den Hör- und Bewegungseindrücken eine ,,Geschichte mit Musik'' zu gestalten. Sie einigen sich, welche Klänge auf welchen Instrumenten dargestellt werden. Die Erfahrungen mit den vier Elementen sollten in die Geschichte einfließen.

Beispiel:
,,Ulf, Antje und Frank gehen im Wald spazieren;
es beginnt zu regnen, sie werden ganz naß und rennen deshalb schnell nach Hause;
sie machen im Kamin ein Feuer, um sich zu wärmen;
wenn es aufgehört hat zu regnen, hängen sie ihre Kleider zum Trocknen in den Wind . . .''

Solche kleinen Geschichten sollen öfter wiederholt, erweitert und musikalisch ausgestaltet werden.

Klangfarben
Höreindrücke optisch umsetzen

Reifen, elementare Instrumente

Die Kinder spielen mit den verschiedenen Körperinstrumenten: Sie stampfen, patschen, klatschen, schnipsen. Sprachmotive können die Körperinstrumente begleiten. Im fantasievollen Umgang mit der Sprache bilden Rhythmus, Dynamik und Körpergestik eine Einheit.

Spielanregung:

Die Kinder ordnen die Körperinstrumente als Klangfarben entsprechenden Sprachmotiven zu:

Großer Baum (stampfen)	–	dicker Stamm – (patschen)
dünner Ast (klatschen)	–	kleines Blatt (schnipsen)

Sie versuchen, mit dunklen und hellen Klangfarben eine Klanggeschichte zu gestalten:

,,Im Keller, da ist es dunkel,
ich steige die Treppe hinauf.
Durchs Fenster, da seh ich den Himmel,
da fliegen die Vögel herum."

Daniela, 6 Jahre alt.

Die Assoziationen
Keller – tiefe Töne, dunkle Klangfarbe,
Erdgeschoß – Mittellage,
Dachgeschoß – hohe Töne, helle Klangfarbe
werden von den Kindern in dem Spiel ,,Wir bauen ein Haus" begrifflich erfaßt. Wie beim Hausbau Stock auf Stock geschichtet wird, legen die Kinder Reifen ,,von unten nach oben":

Dachgeschoß ○
Erdgeschoß ○○○
Keller ○ ○

Elementare Instrumente werden angespielt und – den Klangfarben entsprechend – in die Reifen gelegt.
Übertragung ins Bild:
Die Kinder stellen ein Klebebild her, indem sie farbige Teile zusammensetzen und aus Stockwerken oder ,,Zimmern" ein Haus bauen.

Maskentanz

Mit Ausdruck gestalten

Farbiges Kartonpapier, Schere, Klebstoff, Gummiband, Musik (Cassette)

Die Kinder basteln aus Papier Masken mit Augenlöchern. Sie nehmen entweder verschiedenfarbiges Papier oder malen die Papiermasken unterschiedlich an, um beim Tanz Gruppensituationen leichter darstellen zu können.

Auch beklebte Masken mit vorstehenden Nasen sind leicht anzufertigen. Die Masken werden beim Spiel mit der Hand oder durch ein Gummiband gehalten.

Spielanregung:

Dem Maskentanz kann eine Spielhandlung zugrunde liegen, z. B. ein Umzug findet statt, ein Streit zwischen blauen und gelben Masken gibt dynamische Akzente, schleichende, hüpfende, gehende und kriechende Masken zeigen Bewegung oder die Maskenkinder ,,erzählen" eine lustige Geschichte.
Die Kinder sollen selbst Themenvorschläge machen und in einer Phase des Probierens Regeln entwickeln.
Wird nach Musik getanzt, beeinflussen Rhythmus, Dynamik, Tempo und Ausdruck das Bewegungsverhalten der Kinder.
Weil von der Maske das Gesicht – und daher das Mienenspiel – verdeckt wird, steigert man unbewußt alle Körperbewegungen intensiver. Die Maske erleichtert auch das Rollen- und Gruppenspiel. Der Erzieher soll beim Maskentanz deshalb keinen fixierten Ablauf festlegen, sondern das kreative Spiel in Gruppen durch Impulse fördern.
Das ,,Musik-Mosaik" motiviert zum vielseitigen Gestalten von Maskenrollen.

Nadel und Schere

Klang- und Bewegungsakzente

Fingercymbeln, Glockenspiel,
Klanghölzer

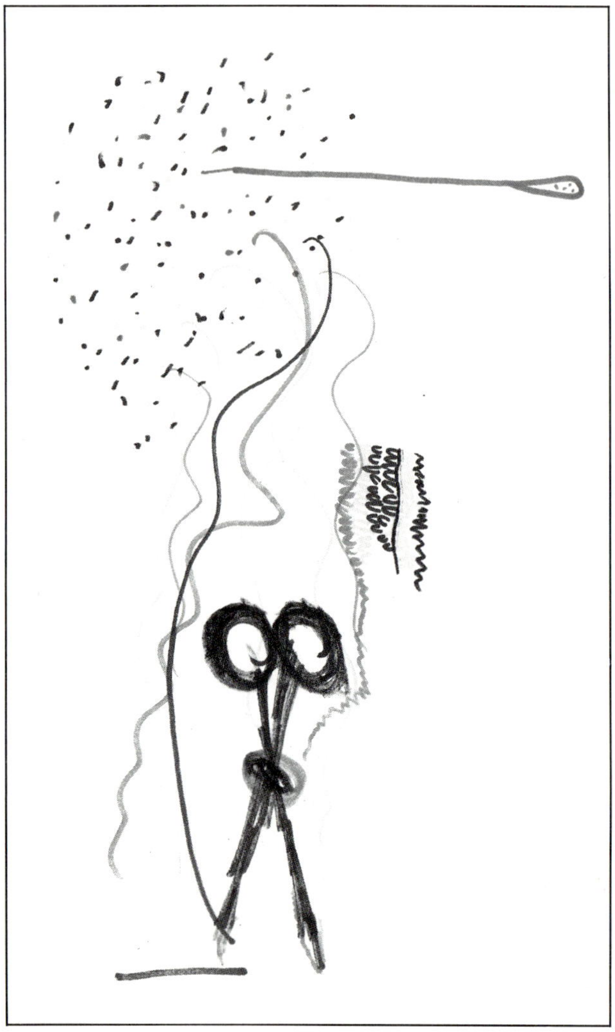

Die Nadel sagte:
,,Ich
bin so schlank
wie ein Strich.

Ich allein
bin so spitz, bin so fein:
Durch die Maschen,
die engen,
kann ich mich zwängen,
ich bleibe nicht hängen.

Ich ganz allein
schlüpfe aus und ein
und schleppe den Faden
hinter mir drein.

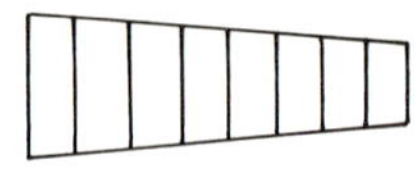

Wie ein Wiesel
schlüpf ich im Nu
ein und aus, aus und ein,
aber du . . .

Aber du, Schere,
du dicke, schwere,
du viel zu große,
du nähst im Leben
keinen Knopf an die Hose.
Du . . . "

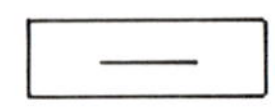

,,Papperlapapp!"
sagte die Schere.
Sie machte klapp.
Da war der Faden ab.

Spielanregung:
Das Gedicht wird pantomimisch und mit Instrumenten begleitet.
Nadel – spitz, schlank
Faden – weich, fließende Bewegung
Schere – hart, exakte Armbewegungen
Das darstellende Spiel gibt Impulse zur experimentellen Klangimprovisation. Der Vers eignet sich auch gut als Hand- und Fingerspiel. Wenn die Geschichte aufgemalt wird, kann die gezeichnete Bewegung wie eine Notation ,,gelesen" werden.

Die Handwerker

Bewegung, Gestik und Klanggespräch

Elementare Instrumente, Reifen, Cassette

Kinder ahmen Erwachsene nach und übernehmen dabei unbewußt deren ,,Körpersprache". In der Bewegung eines Menschen offenbart sich vieles von seinem Wesen: In Gangart, Hand- und Kopfhaltung, Körpergestik. Auch die berufliche Tätigkeit – vor allem die handwerkliche – prägt die Haltung eines Menschen. In der Nachahmung handwerklicher Tätigkeiten schulen die Kinder sowohl ihre Feinmotorik als auch ihre Vorstellungskraft, da sie viele der Handwerker nicht mehr aus eigener Anschauung kennen (z. B. Müller, Weber, Schmied, Tischler, Böttcher).

Spielanregung:

Reifen liegen im Raum verteilt, in jedem Reifen liegt ein Instrument. In diesen ,,Häusern" wohnen ,,Handwerker": Schuster, Bäcker, Schneider, Maler . . .
Ein Kind geht auf der ,,Dorfstraße" spazieren und läutet an einer ,,Haustür" (Triangel). Es führt mit dem ,,Handwerker" ein improvisiertes Klanggespräch, das auf den Instrumenten als Frage- und Antwortspiel gestaltet wird (z. B. Triangel ,,fragt", Handtrommel ,,antwortet"). Das Kind geht von Haus zu Haus, bis es alle ,,Handwerker" kennengelernt hat. Die Klanggespräche werden durch charakteristische Körpergesten unterstrichen.

Beispiele:

Schmied – kräftige Schläge auf die Pauke,
Weber – glissando auf dem Xylophon,
Schuster – hämmern auf der Holzblocktrommel,
Bäcker – Klanghölzer hin- und herrollen . . .

Nach den ,,Klanggesprächen" der Handwerker kann ein Tanz verschiedener Handwerker deren Arbeitstätigkeit rhythmisieren. Die Musik (Cassette ,,Klatschpolka") gibt die entsprechenden Akzente. Zusammen mit den Kindern wird der Spielablauf festgelegt. Klopfen, rollen, sägen, drehen, heben, ziehen, schieben, hämmern . . . . . können optisch und akustisch zur Geltung kommen.

Wortlose Sprache

Pantomime – Interpretation

Wenn wir miteinander sprechen, verständigen wir uns nicht nur durch die Sprache. Mimik, Gestik und Körperhaltung unterstreichen das gesprochene Wort. Die pantomimische Darstellung eines Gefühlszustandes oder einer Situation spart die Sprache aus, sie beschränkt sich auf die ,,Körpersprache'' in Mimik, Gestik und Bewegung. Diese ,,Sprache ohne Worte'' ist bei Kindern besonders beliebt und wird nach einiger Übung oft nahezu perfekt dargestellt.

Die Nachahmung einer pantomimischen Darstellung verlangt ein hohes Maß an Konzentration, Einfühlungsvermögen, Aufnahmebereitschaft und Genauigkeit.

Spielanregung:

Ein Kind schildert pantomimisch einen Gefühlszustand (Traurigkeit, Fröhlichkeit, Langeweile . . .)

oder

eine Situation (spielt auf einem Instrument,
sucht einen Gegenstand,
erhält einen Brief,
teilt etwas mit . . .).

Die pantomimischen Spiele fördern außerdem die Fähigkeit zur Interpretation. Bei der Wiedergabe von Musik und eigenem Erfinden von Musik spielt die Interpretation eine wesentliche Rolle. Wer fähig ist, sich mitzuteilen und etwas auszudrücken, erfährt Resonanz beim Zuschauer und Zuhörer: In der Reaktion der Umwelt kann der Mensch sich selbst erleben.

Die Botschaft wird von den beobachtenden Kindern ,,entschlüsselt'' und nachgeahmt. Der Erzieher kann bei diesem Spiel wichtige Erkenntnisse über das einzelne Kind gewinnen: Im gestaltenden und nachahmenden Kind spiegelt sich dessen Fähigkeit zur motorischen und emotionalen Differenzierung.

Viele Stücke der ,,Spiel-mit''-Cassette lassen sich in Pantomime ,,übersetzen''. Die Körpersprache kann das Motorische, das Atmosphärische, Gefühle oder bestimmte Situationen darstellen. Die Kinder bekommen beim Hören einen Eindruck von der Musik. In der Bewegung soll der Eindruck zum Ausdruck werden.

Klatschpolka

Tanz

Die Kinderpolka ist einfach zu lernen. Die dreiteilige Form wiederholt sich mehrfach.

Spielanregung:

1. Teil: im Raum gehen, 2. Teil: mit einem Partner tanzen, 3. Teil: stampfen und klatschen.
Größere Kinder können sofort mit dem Polkaschritt beginnen. Im Seitgalopp zu Paaren (1), am Ort drehen (2), Körperinstrumente (3).

Dieser Tanz eignet sich auch gut für die Elternarbeit.

Querverbindungen

Die Querverbindungen zwischen rhythmischen, musikalischen, tänzerischen und den Kurzspielen für die Stimme sind auf große, umfassende Themenkomplexe ausgerichtet, innerhalb derer sich differenzierte Teilbereiche auffinden lassen.

Die Querverbindungen durchlaufen alle Sachbereiche der musikalischen Früherziehung und der Musikalischen Grundausbildung:

- Singen und Sprechen,
- elementares Instrumentalspiel,
- Musik und Bewegung - Tanz,
- Musikhören und Musiklehre.

Hier geht es vor allem um das Erlernen musikalischer Begriffe und das im Spiel sich bildende Bewußtmachen allgemeiner Begriffe. Sie dienen als Grundlage der Wissensbildung und können dann den *kreativen Umgang mit den Elementarkenntnissen fördern.*

Fast immer haben die Themen mit dem Komplex Musikhören zu tun, weil Musik ohne Hören - dazu zählt auch das innere Hören - gar nicht vorstellbar ist. Der Komplex Hören ist daher nicht extra ausgewiesen.

Der Gesichtspunkt der Gemeinsamkeit ist ein verbindendes Element. Er ist sowohl im Kindergarten, in der Schule, wie in der Musikschule und auch in der Familie gegeben. Denn in die Gemeinsamkeit der Familie sind auch Freunde der Kinder und Freunde der Familie mit eingebunden.

Spielen ist wieder zum zentralen Bereich des Lernens geworden. Miteinander Spielen und Gestalten aktiviert die Menschen, läßt sie vieles neu erleben. *Durch kreative Teilnahme in offener Atmosphäre* und durch die fordernde Substanz der kurz gefaßten Inhalte bekommt man *Mut zum eigenen Handeln.*

Durch gemeinsames Singen, Spielen, Malen, Musizieren und Tanzen ergeben sich soziale Kontakte. Nicht nur Einsicht in musikalische Zusammenhänge werden gefördert, es ergeben sich kulturelle Akzente, die *im Leben der Kinder und Erwachsenen wichtige Bestandteile der gegenseitigen Verständigung* sind.

Die Gliederung in Sachbereiche erleichtert den erfahrenen Pädagoginnen und Pädagogen eine sinnvolle Zusammenstellung und Planung ihres Unterrichts.

Kurzspiele für die Stimme (Ersch.jahr 1991) = ST
Tänzerische Kurzspiele (Ersch.jahr 1988) = TK
Musikalische Kurzspiele (Ersch.jahr 1982) = MK
Rhythmische Kurzspiele (Ersch.jahr 1980) = RK
Hörbeispielcassette = O-O

Bewegungsspiele - Tanz

RK 10 Mach mit O-O
33 Klatsch-patsch O-O
35 Musikzirkus O-O
36 Steif-locker O-O
43 Konzentrationsmusik O-O
Gesten und Gebärden O-O
Malen und Tanzen O-O
MK 10 Begrüßungsspiel O-O
17 Ringel-rangel
20 Trat ich heute O-O
25 Weihnachtsspiel
33 Gib weiter
36 Malen nach Musik O-O
46 Adventskalender
46 Das Karusell
49 Tanz der Bären O-O
50 Viele Tiere O-O
MK 53 Vogelschwarm
53 Schmetterling O-O
54 Die Raupe
55 Schweben O-O
56 Spielplatz
57 Fingertheater
58 Erde, Wasser, Licht ...
59 Maskentanz
60 Nadel und Schere
63 Klatschpolka O-O
TK 07 Lauftanz O-O
08 Hopsassa O-O
10 Der Mann und die Frau
11 Katz und Maus
12 Rasseltanz
12 Tüchertanz
14 Bi-Ba-Butzemann O-O
14 Ei wir tanzen heute
16 Alle meine Kleider
17 Hin und her O-O
18 Blinke, blinke
21 Schneeflocken tanzen O-O
22 Die musikalische Schlittenfahrt O-O
23 Klangspuren

TK 24 Wir haben einen Drachen
24 Puppentanz
25 Der musikalische Spaß ○–○
28 In unserm Garten
30 Karneval der Tiere ○–○
Einzug der Löwen, Hühnergatter, Elefantenwalzer, Vogelarten, Aquarium
34 Schöne Gärten ○–○
35 Tanz der Elemente
36 Korallen und Meerespflanzen
36 Elfenreigen ○–○
40 Der Herbst ○–○
40 Aus dem Tagebuch ○–○
42 Das Leise und das Laute
43 Gehen, Stehen, Drehen
44 Tanz einer Puppe ○–○
45 Bärentanz ○–○
46 Exotische Vögel ○–○
46 Chinesischer Tanz ○–○
48 Materialklang ○–○
49 Tanz ○–○
51 Improvisation ○–○
53 Linien
54 Hommage à Bach ○–○
ST 32 Afrikanischer Trommeltanz ○–○
33 ebbe und flut ○–○
39 Kalamatianós

Atem und Stimme

RK 11 Pusten und Blasen
13 Atem und Stimme
27 Gleichmaß
31 Die Übertreibung
MK 43 Stimmspiele
49 Der Wind
ST 28 Stimmendiagramm ○–○
36 Stimmen im Kanon ○–○
41 Partnerspiele mit der Stimme
46 Sequenza III für Stimme ○–○
50 Menschliche Stimmen ○–○
50 Raum und Stimmklang
53 Mit meiner Stimme kann ich ...
54 Zungenreden ○–○
54 Zungenschleifer und Lippenplappler
74 Pfeifen und Singen ○–○

Stimmspiele mit Materialien und Notation

RK 11 Pusten und blasen (Tischtennisbälle, Kerzen und Luftballon)
MK 40 Klicker, klacker (Nüsse)
55 Schweben (Seifenblase) ○–○
ST 14 Mein Schifflein (Papierbälle)
28 Stimmendiagramm (Verkleidung) ○–○
30 Stimmspiele mit Materialien (Tücher)

Kanonsingen

MK 18 Blinke, blinke
19 Frère Jaques
23 Knusper, knusper
ST 33 Der Winter ist vorüber
36 Stimmen im Kanon
37 Nicht lange mehr ist Winter
60 Was recht ist
60 Wo man singt
67 Du hast mir meine Klagen verwandelt
74 Hörst du nicht den feinen Ton?
74 Blumenkanon

Sprechverse, Reime und Kurzgedichte

ST 11 Itzen, ditzen
12 Reimwörtersuche
12 Doppel moppel
14 Vom Sprechvers zum Lied
23 Erster Tag
27 Liaba Hergott im Himmi
28 Starr stand der Frost
31 Italienisches Sprichwort
39 Eine Pflaume fällt
52 Kätzchen sagt miau
53 Kinderkram für Schnellsprecher
54 Zungenschleifer und Lippenplappler
56 Schluckauf
60 Weil die Nachtigall eine süße Stimme hat
60 Mein Traum ist ein Baum
64 Als ich fortgemußt
67 Was ist ein Gedicht
70 Die Welt ist ein Zirkus

Geschichten und Gedichte zum Vorlesen und szenische Gestalten

ST 09 Die Giraffe und der Zirkuszug
12 Reimwörtersuche
24 Bis in den Herbst hinein
32 Herr Keuner und die Flut
40 Pantomime
41 Demokratisches Modell
47 Einstimmen der Instrumente
55 Stolpermann und Pflastermann
62 Ein Vater, sein Kind
62 Das weiße Gedicht
63 Spiegel, Spiegel
65 Märchen
77 Was ich nicht bin
79 Die Gefährlichkeit der großen Ebene
82 Heut wanderte durch unsre Stadt
85 Maßnahmen gegen die Gewalt
87 An meine andere Stimme
87 Worte
87 Das Bild
89 Höhlensprache
89 Augenlos

Wort- und Rhythmusspiele

RK 16 Singen, klatschen, gehen
16 Nebeneinander, übereinander
MK 19 Plim - plam - plum!
40 Klicker, klacker
40 Zungenschleifer
54 Die sprechenden Steine
ST 44 Einmal lang, einmal kurz
44 "Farben"-Rhythmus
44 laaaaaaaaaaaaaaaaaaaaaang kurz

Spiele zur musikalischen und allgemeinen Begriffsbildung

Besondere Anlässe

Zum Freuen, Fürchten und Spaßmachen

Zum Mitmachen, Mitsingen und Mitspielen

Lucie Steiner ist in Stuttgart geboren. Nach Studium, Lehrerberuf und künstlerischer Tätigkeit interessiert sie sich – als Lehrerin der freien Werkschule Merz (Stuttgart) – zunehmend für das dort angewandte Unterrichtsprinzip „Erkennen und Gestalten", das in kreativer Form fächerübergreifend praktiziert wird.
Als ihr Mann, Luis Steiner, in Stuttgart 1952 die Musikschule gründet, entwickelt sie eigene Modelle „Rhythmisch musischer Erziehung" und „Musikalischer Früherziehung".
Unterrichtsdemonstrationen und Aufführungen experimenteller Musik, sowie berufsbegleitende Lehrgänge (VdM) und Praxisseminare führen Lucie Steiner an viele Orte der Bundesrepublik und auch ins Ausland (Schweiz, Japan, Frankreich, USA).
Bis heute ist Lucie Steiner in der Praxis tätig. Ihre reichen Erfahrungen und ihre Ideenvielfalt spiegeln sich auch in zahlreichen Veröffentlichungen.

Ingrid Engel ist in Berlin geboren. Nach Abitur und Rhythmikstudium arbeitet sie freiberuflich, seit 1969 als Lehrerin für Rhythmik, „Musikalische Früherziehung" und „Musikalische Grundausbildung" an der Stuttgarter Musikschule.
Ingrid Engel ist als Dozentin in der Lehrer- und Erzieherfortbildung, in der Erwachsenenbildung (VdM/IAM/VHS/Lehrerakademien etc.) sowie als Lehrbeauftrage an der Hochschule für Musik Hanns Eisler in Berlin tätig.
Schwerpunkte ihrer Arbeit: Rhythmik, Improvisation, Kindertanz und historischer Tanz. Gastlehrtätigkeit im In- und Ausland.
Ingrid Engel ist auch durch zahlreiche Veröffentlichungen bekannt (methodisch-didaktische Modelle, Rezensionen für Fachzeitschriften).

Aus der Zusammenarbeit beider Autorinnen entstanden beim Gustav Bosse Verlag:
Rhythmische Kurzspiele, 1980
Musikalische Kurzspiele, 1982 und
Tänzerische Kurzspiele, 1988

In der gleichen Reihe sind 1991 beim Gustav Bosse Verlag erschienen:
Kurzspiele für die Stimme von Lucie Steiner und
Spiele im Advent von Ingrid Engel.